袁涤非　主编

礼仪文化丛书
Etiquette Culture Book Series

中国礼仪

医护礼仪

□ 李　霞　黄建英　陈　莉　编著

东北大学出版社

图书在版编目（CIP）数据

中国礼仪. 医护礼仪 / 李霞，黄建英，陈莉编著
. — 沈阳：东北大学出版社，2018.4（2025.1重印）
（中国礼仪文化丛书 / 袁涤非主编）
ISBN 978-7-5517-1875-2

Ⅰ. ①中… Ⅱ. ①李… ②黄… ③陈… Ⅲ. ①医药卫
生人员－礼仪－基本知识－中国 Ⅳ. ①K892.26

中国版本图书馆 CIP 数据核字（2018）第 090617 号

出 版 者：东北大学出版社
　　　　　地址：沈阳市和平区文化路三号巷 11 号
　　　　　邮编：110819
　　　　　电话：024-83683655（总编室）　83687331（营销部）
　　　　　传真：024-83687332（总编室）　83680180（营销部）
　　　　　网址：http://www.neupress.com
　　　　　E-mail: neuph@neupress.com
印 刷 者：三河市万龙印装有限公司
发 行 者：东北大学出版社
幅面尺寸：170mm×240mm
印　　张：12　　　　　　　　字　　数：215 千字
出版时间：2018 年 4 月第 1 版　　印刷时间：2025 年 1 月第 2 次印刷
策　　划：郭爱民　　　　　　　责任编辑：汪彤彤　牛连功
责任校对：杨世剑　　　　　　　封面设计：琥珀视觉

ISBN 978-7-5517-1875-2　　　　　　　　　　定　价：58.00 元

序

于治国而言，"治国不以礼，犹无耜而耕也"；于修身而言，"今人而无礼，虽能言，不亦禽兽之心乎？"礼仪是人内在品德修为的外在表现，在中华民族的传统美德中占有十分重要的地位。当前，中国特色社会主义伟大事业已进入新时代。"仓廪实而知礼节"，在经济社会迅速发展、国人物质生活得到前所未有满足的新形势下，礼仪文化建设作为社会主义思想道德建设的重要内容，作为培育和践行社会主义核心价值观的重要手段，弘扬与规范之，可谓恰逢其时。

中华民族是礼仪之邦，以编辑文献的形式约定礼仪规范古已有之。西汉礼学家戴圣编纂的《礼记》（又名《小戴记》《小戴礼记》），选编了秦汉以前的各种礼仪论著（如《曲礼》《檀弓》《王制》《月令》《礼运》《学记》《乐记》《中庸》《大学》等）49篇，既确立了礼仪规范的基本标准（即"傲不可长，欲不可纵，志不可满，乐不可极）"，又从道德仁义、教训正俗、分争辨讼、尊卑长幼、宦学事师、班朝治军、莅官行法、祷祠祭祀等方面阐述了礼仪的广泛用途，还制定了大至国家祭祀、小至家庭婚丧之丰富而具体的行为规范，影响中国1700余年。然而，我国现代礼仪文化研究起步很晚，对礼仪文化的研究还处于初级阶段。礼仪文化作为一门内涵小、外延广的边缘学科，还远远不能满足现代文明社会的需求，其科学性、系统性还有待提升到一个新的高度。我和湖南省礼仪文化研究会的各位同人，在从事礼仪文化的研究、教学、培训和推广过程中，常常因文献和教材不足而颇感遗憾。同时，作为礼仪文化工作者，我们也感到自身所肩负的重要责任。因此，我们试图通过撰著"中国礼仪文化丛书"为礼仪文化发展作一些有益的探索，怀抛砖引玉之心，为礼仪文化不断进步略尽绵薄之力。

对礼仪的分类，古已有之。传统礼仪有吉礼、凶礼、军礼、宾礼、嘉礼"五礼"之说。我们选择《公务礼仪》《商务礼仪》《服务礼仪》《医护礼仪》《形象礼仪》《生活礼仪》《言谈礼仪》《餐饮礼仪》《职场礼仪》《涉外礼仪》《儿童礼仪》作为丛书的

11 个分册，一方面是因为这 11 个专题的礼仪具有鲜明的现代社会特点，贴近日常工作和现实生活；另一方面，它们所包含的礼仪文化内涵无疑是现代礼仪的应有之义。当然，这与我们当前对礼仪文化研究业已取得的成熟成果分不开。

丛书的内容选择偏重于实践。其一，注重继承和弘扬中华民族优秀礼仪传统。中华礼仪源远流长，几千年中形成的礼仪传统符合大多数国人的心理定势，其中相当大的部分现在仍然适用。其二，单设分册介绍涉外礼仪内容。全球化是当今世界大势所趋，文化大融合不可逆转。借鉴和吸收世界各地的优秀礼仪文明，有利于在国际交往中传播中华礼仪文化、展示国人礼仪形象。其三，中华人民共和国成立已近 70 年，有必要在社会主义核心价值观和公民道德规范框架下，建立新时代中国特色社会主义礼仪规范体系。我们尝试从贴近大众生活的 11 个方面入手，探索建立一套切实可行的，能提升公民道德修养、提高社会文明程度的礼仪规范，并通过我们的教学、培训和读者的阅读，身体力行予以弘扬。其四，除了社会大众需要遵守的一般礼仪规范，我们还根据部分特定场合、特定人群、特定职业的不同特点，有针对性地总结和制定了一些针对特殊需要的礼仪规范，以增强"中国礼仪文化丛书"的实用性，更好地指导人们把学到的礼仪规范运用到生活和工作中。

参与丛书撰写的 33 位作者，都是湖南省礼仪文化研究会的中坚力量。他们不仅是长期从事礼仪教学、研究的优秀学者，还是在医疗护理、企业管理、市场营销、心理咨询、幼儿教育等一线工作的佼佼者。他们既有较深厚的理论功底，也有丰富的实践经验。丛书凝聚着作者们的智慧及心血。那些娓娓道来的礼仪阐释、生动有趣的礼仪案例、标准规范的礼仪影像，一定能让读者诸君学有所获、学有所用，使大家成为真正有修养、有品位、有风度、有气质，懂得爱已爱人的现代人。

袁涤非

2018 年 4 月于岳麓山下

目 录
Contents

第 三 章 医护社交礼仪

第 四 章　医护言谈礼仪与沟通技巧

在现代社会中，礼仪往往是衡量一个人文明程度的准绳，是一个国家社会风气的现实反映，是一个民族精神文明和进步的重要标志。礼仪已经渗透到了社会生活的各个环节、各个领域，无论是对个人、对国家，还是对社会的发展，都起着越来越重要的作用。本章着重介绍了中国礼仪的起源和发展，明确了礼仪的内涵和定义，阐述了礼仪的特征、功能、作用，最后介绍了礼仪的一个重要分支——医护礼仪。

医护礼仪就像礼仪这棵大树上长出的婆娑枝丫，婀娜多姿。它是医护人员在实际工作中，用以维护医院形象和个人形象，对患者及其家属表示理解、尊重、爱护和友善的行为规范和惯例。医护人员要想在工作中得心应手，得到患者及其家属的理解，就要提高对医护礼仪的认识，增强自身的文化内涵修养，注重自己的仪容、仪表、仪态及言行举止，尤其要想患者之所想，急患者之所急，学会换位思考，真正成为患者的"救星"、其家属的"知己"，这样才能真正化医患的紧张关系为朋友关系、亲人关系。

第一节 礼仪概述

案例导入

英国医学博士梅藤更 26 岁时来到中国杭州，创办了广济医院（今浙江大学医学院附属第二医院），1881—1926 年任院长。广行济世，广慈博爱；济人寿世，救死扶伤。艰难时世，梅藤更院长以 45 年之韶华，将优渥的情怀播撒在这个最美的人间天堂。梅藤更有句名言："好医生应该具备 3 个 H——Head（大脑里的知识）、Hand（手上的技能）、Heart（心中的良知）。"他说到，可贵；他自己做到，更可贵。梅藤更对"广济人"提出的一系列素质要求中，有一条就是"尊重"——对自己、对他人要有足够的尊重。

医院是卫生之地，仪表即是垂范。梅藤更要求医者做出表率：在医院里不能大声说话，需要交流时要在一旁轻声私谈；见面时不能冷漠不语，须相互问候；行走时不可以穿硬底鞋，避免发出太响的声音。衣冠容颜在他看来是一个人对职业本身的尊重，实习护士也需要着蓝衫白裙小方帽，穿白皮鞋白袜子，再戴上白色的假领子和假袖口。衣服由洗衣工人统一收集、清洗、烘干、熨烫整齐，脏皮鞋清洗后上好鞋油，每周一送还至宿舍门口，都需统一规范。

广济护校的学生傅梅生回忆说，伦理学贯穿护校始终，"患者将自己的生命交到你的手中，你就必须全心地给他仁爱，一丝不苟地对他负责，无论是他吃进去、吐出来，还是拉出来的，你都必须仔细观察，从头负责到脚。"全院共有 110 余张床位，正式护士只有 20 多人。医院没有家属陪伴，也没有护工，护士是患者唯一的照顾者。从打针发药，到吃喝拉撒、洗头洗澡，工作任务极其繁重。但医院对护士要求细微，其中一条是患者使用的便盆，冬天需先用热水烫过才行，免得患者感觉冰冷，有不适感……让每一名医护人员从小事做起，从细微处做起，科学而又富有人文关怀，富有同理心。

一次，梅医生在查房，一名小患者彬彬有礼地向梅医生鞠躬。深谙中国礼数的梅医生，也深深地鞠躬回礼。瞧他们鞠躬的样子那么诚挚，梅医生的腰都弯成标准的 90°了。这一温馨的场景成为经典照片，留给人们长久的记忆。在这张百年老照片上，在遥远的黑白画面里，两个人一老一少、一大一小、一高一低、一洋一中、一医一患，他们

梅藤更与小患者相互鞠躬行礼

相互鞠躬行礼。小孩儿四五岁的样子，穿着长衫；大老外年过半百，戴着礼帽。那名小患者自是可爱，而梅医生不是更可爱吗？这是一百年前医患关系的真实写照，体现了医患之间不分长幼、无论贫富、相互尊重、平等相待的感人情景，同时也表达了患者对救死扶伤的医生的感激，体现出医生对患者的无私大爱与甘愿奉献精神。这种相互间的"敬"——敬重、敬爱、敬畏，就是礼仪的实质，也是医护人员工作的核心价值所在。

一、礼仪的起源与发展

中华文明上下五千年，中国素有"礼仪之邦"的美誉。五千年的悠悠岁月中，随着生产力水平的提升、社会的发展，人类社会化属性的日益增强，礼仪文化的内涵日渐丰富，终于达到今日之博大精深。但这种发展并未呈现出直线上升的趋势，其间的曲折跌宕，一如中国波澜壮阔的历史。

（一）礼仪的起源

从原始社会起，礼仪之根就开始萌芽，但当时的礼仪主要是一些礼节。最早的礼节用于对神灵的祭祀，所以就有了"礼立于敬而源于祭"的说法。

原始时期的人类面对变幻莫测的大自然，显得十分稚弱，无法解释千变万化的自然现象和突如其来的自然灾害，因此认为是鬼神、祖先在主宰人类的一切。人们开始用当时的一些精致、豪华的食具作为礼器进行祭祀，以表示他们对神灵、对祖先的敬畏，祈求保佑，祈求平安。这种祭祀活动可以看作礼仪的萌芽。

同时，随着家庭的形成，做父母的要抚养和关爱幼小的尚不能独立生活的子女；子女长大成人之后，则要赡养年迈的父母；兄弟姐妹之间也要互相关爱。早在尧舜时期，"五礼"（即父义、母慈、兄友、弟恭、子孝）就已形成，这对家庭成员之间的关系做出了明确的规定。这时，礼仪把家庭成员的言谈举止规范化了。

在社会活动中，人与人之间也渐渐形成了最初级、最原始的礼仪。在狩猎、耕种和部落之间的争斗中，同一群体中的人通过用眼神、点头、拉手等来示意互相之间如何配合。日常生活中，人们不自觉地用击掌、拥抱、拍手来表达欢快的感情，用手舞足蹈来表示狩猎获得食物的喜悦。人们之间这种相互的呼应、关照，逐步形成了一种习俗，这便是最初待人接物的礼节（现在的握手礼就始于原始社会），所以，礼仪成为当时人们交往沟通的一种"语言"。

原始社会后期，随着社会的发展，人们在生产和生活中的分工越来越细，于是产生了发号施令的领导者和服从安排的被领导者。为了维护领导者的地位，体现领导者和被领导者的等级差别，出现了尊卑有序、男女有别。例如：左尊右卑；在重大场合上，习惯以主人或东道主的左侧方位为尊位，其右侧为卑位。此时，礼仪又成了维系等级差别的需要，成为领导者教化子民、维持领导地位的工具。

所以，礼仪在萌芽时期，主要用于祭祀、规范家庭成员言行举止、人际交往中待人接物以及维护领导者的统治地位。

（二）礼仪的发展

每当中国进入一次大变革、大发展的历史时期，礼仪也随着时代的变迁而不断演变、充实和更新。漫长的礼仪文化发展史，可以大致分为礼仪孕育时期、礼仪形成时期、礼仪变革时期、礼仪鼎盛时期、礼仪衰落时期及现代礼仪时期。

1. 礼仪孕育时期

礼仪起源于距今百万年前的原始社会时期，随着人类逐渐进化而不断丰富、演变。在原始社会中、后期就孕育出早期礼仪的"胚胎"。比如，距今约 1.8 万年前的北京周口店人，已经会使用穿孔的兽齿、石珠作为装饰品，穿戴在脖子和手上。他们还会向逝去的族人周围撒放赤铁矿粉，以表示对族人去世的哀悼，这也可以说是中国历史上出现最早的宗教葬礼。

2. 礼仪形成时期

公元前 21 世纪至公元前 771 年，中国由金石并用时代进入青铜器时代。金属器皿的使用，把农业、畜牧业、手工业生产带到一个全新的时期。随着生产水平的大幅提高，除消费外，开始有了剩余，于是有了不劳而获的统治阶级与辛苦劳作的被统治阶级，由此产生了阶级对立，原始社会彻底瓦解。

在这个时期，由于中国刚从原始社会进入早期的奴隶社会，尊神活动仍被延续，并有日渐升温的趋势。在原始社会，由于缺乏科学知识，人们对于许多自然现象还不太理解，因此他们敬畏和祭祀"天神""河神"。在某种意义上，早期的礼仪是指原始社会人类生活的若干准则，也是原始社会宗教信仰的产物。

直至周朝，礼仪开始有所建树。周武王、辅佐周成王的周公，对周代礼制的确立都起到了重要作用。他们制作了礼乐，将人们的行为举止、道德情操等全部纳入当时的社会体制中，形成了一个尊卑有序的社会。《周礼》是中国流传至今的第一部礼仪专著，整理了周朝的官职表，用于讲述周朝的典章制度。由此可见，许多基本礼仪在商末周初便已基本形成。

在西周，青铜礼器已开始盛行，它是个人身份的象征——礼器的多寡代表身份地位的高低，显示权力的等级。在当时，贵族身上一般都佩戴成组的玉石，以显示身份地位。同时，尊老爱幼这类深入人心的礼仪规范在西周已蔚然成风，如当时孔子的"入则孝，出则悌，谨而信，泛爱众，而亲仁，行有余力，则以学文"，孟子的"老吾老以及人之老，幼吾幼以及人之幼"等都成为教育后人尊老爱幼的名言警句，至今也是人们的行为准则。所以，西周时期应该是礼仪的形成时期。

3. 礼仪变革时期

春秋战国时期，以孔子、孟子为代表的儒家系统地阐述了礼仪的起源、本质和功能。儒家文化一直主导着我国封建社会，影响达几千年之久。儒家思想宣扬"礼教"，提出以"修身""真诚"为本，认为在各种伦理关系中，对人诚实无妄才是"礼"的最高境界。孔子非常重视礼教，将"礼"作为治国、安邦、平天下的基础，他倡导用"礼"来约束和规范人的行为准则，认为："不学礼，无以立。""君子义以为质，礼以行之，孙以出之，信以成之。君子哉！"意思是说：君子要以义作为根本，用礼加以推行，语言表达要谦和，待人处世态度要真诚，这才称得上是谦谦君子。孟子提出"五伦"（即君臣、父子、兄弟、夫妇、朋友五种人伦关系），倡导父子之间有骨肉之亲，君臣之间有礼义之道，夫妻之间挚爱而又内外有别，老少之间有尊卑之序，朋友之间有诚信之德。这是处理人与人之间关系的道理和行为准则。这一时期，除儒家之外，还有其他思想主张，如：道家崇尚自然无为、独善其身，主张废除一切礼仪；法家推崇强权政治，主张以法代礼；墨家主张平等、博爱、利他，以义代礼。各家的主张虽然不同，但正是这种百家争鸣、各种思想相互吸收和融合，才使礼仪的内涵发生了较大的变革。所以，春秋战国时期是礼仪的变革时期。

4. 礼仪鼎盛时期

公元前221年，中国历史上第一个中央集权制的封建王朝——秦朝——建立了。秦始皇在全国推行"书同文""车同轨""行同伦"，成为延续两千余年的封建体制的基础。

西汉初期，思想家董仲舒把封建专制制度的理论更加系统化，提出了"唯天子受命于天，天下受命于天子"。他把儒家礼仪概括为"三纲五常"，即"君为臣纲，父为子纲，夫为妻纲"和"仁义礼智信"。他还提出了"罢黜百家，独尊儒术"的思想，让儒家礼教成为了定制。

汉代，一部包罗万象、堪称集上古礼仪之大成的《礼记》问世，它把奴隶社会和封建社会的礼仪汇集成册，成为封建时代礼仪最经典的著作。其中，有讲述古代风俗的《曲礼》，有谈论饮食和居住文化的《礼运》，有记录家庭礼仪的《内则》，有记载服饰礼仪的《玉藻》，有论述师生礼仪的《学记》，还有教授人们道德修养的《大学》。《礼记》对礼仪分类论述，内容十分丰富。

唐宋时代，《礼记》已由"记"上升为"经"，出现了以儒家思想为基础，融合道学、佛学思想的理学，朱熹便是其中的主要代表人物。他指出："仁莫大于父子，义莫大于君臣，是谓三纲五常之本。人伦天理之至，无所逃于天地间。"这一时期对于家庭礼仪的研究也是成果颇丰。在大量的家庭礼仪著作中，《朱子家礼》《司马氏书仪》最著名。前者相传为朱熹所著，后者为司马光撰写。

所以，这一时期的礼仪研究硕果累累，礼仪形式的发展也日趋完善，忠、孝、节、义等礼节也日趋繁多。无论是内容还是形式，礼仪都进入了鼎盛时期。

5. 礼仪衰落时期

清朝入关后，开始逐渐接受汉族的礼制，并使其复杂化，让礼仪变得死板、烦琐。如清代的品官相见，当品级低者向品级高者行跪拜礼时，一般是一跪三叩，甚至三跪九叩。清代后期，贪污腐败盛行，官员腐化堕落，封建社会由盛转衰。随着洋务运动的兴起，西方礼仪开始传入中国，而西方礼仪与中国推崇的礼仪思想有很大的差异。所以，这一时期中国的传统礼仪规范无论是内容还是形式，都受到了西方礼仪的强烈冲击，出现了"大杂烩"式的礼仪思想，封建礼教开始土崩瓦解。

6. 现代礼仪时期

清末，鸦片战争打开了中国长期封闭的大门，国人开始了解西方的政治、经济、文化。大批爱国人士为寻找富民强国的道路，在把西方的文化、科技引入中国的同时，也把西方礼仪介绍进来。辛亥革命之后，封建王朝覆灭，中国人民为摆脱封建礼教的束缚而不断地进行变革。直到1949年10月，中国进入一个崭新的时期，封建礼教被彻底废除，逐步形成了现代礼仪。

改革开放以来，随着中国与世界各国交往的日趋频繁，在我国传统礼仪的基础上，融入了西方先进的礼仪文化，形成了中国特色的新型社会关系和人际关系，那就是：平等相处，团结友爱，互帮互助，礼尚往来。礼仪从内容到形式都在不断变革，构成了社会主义礼仪的基本框架，现代礼仪进入了全新的发展时期。2005年，中央电视台一系列"迎奥运，讲文明，树新风"公益广告热播，各行各业的礼仪规范纷纷出台，如政务礼仪、商务礼仪、服务礼仪、教师礼仪、医护礼仪、国际礼仪等，社会上还出现了各种针对不同年龄、不同阶层的礼仪培训机构，如儿童礼仪、中学生礼仪、大学生礼仪、求职礼仪、职场礼仪等，人们越来越深刻认识到"不学礼，无以立"的道理，学习礼仪知识的热情日益高涨。

2017年10月18日，习近平总书记在党的十九大报告中强调："要提高人民思想觉悟、道德水准、文明素养，提高全社会文明程度。广泛开展理想信念教育，深化中国特色社会主义和中国梦宣传教育，弘扬民族精神和时代精神，加强爱国主义、集体主义、社会主义教育，引导人们树立正确的历史观、民族观、国家观、文化观。深入实施公民道德建设工程，推进社会公德、职业道德、家庭美德、个人品德建设，激励人们向上向善、孝老爱亲，忠于祖国、忠于人民。"这是我们构建当代礼仪文化的指南。我们应遵循"取其精华，去其糟粕"的原则，将传统礼仪文化的精髓融入现代文化的体系，以社会主义核心价值观的构建为契机，促使礼仪意识变为礼仪行为。

二、礼仪的内涵与特征

礼仪无处不在，渗透于工作、生活的方方面面，不仅有时代的烙印，而且还会呈现出一些行业的特点与要求，但其基本的内涵始终是较稳定的。

（一）礼仪的内涵

在古代，礼仪指的是为敬神而举行的各种仪式。如《诗经·小雅·楚茨》中"献醻交错，礼仪卒度"，讲的是古代在酒宴中主宾敬酒交互错杂，礼仪合乎法度。《周礼·春官·肆师》中"凡国之大事，治其礼仪，以佐宗伯"，意思是凡是涉及国家的事务，都应讲究合乎礼仪，用礼仪来辅助宗伯。这时对礼仪的基本定义是"致福曰礼，成义曰仪"，由此可知，当时的礼仪是为维护封建统治阶级而制定的基本制度和行为规范。

在现代，通常所说的礼仪是一种待人接物的行为规范，是一种交往的艺术表现。它是人们受历史传统、风俗习惯、宗教信仰、时代潮流等因素影响而在长期社会交往中形成的。礼仪既为人们所认同，又为人们所共同遵守，是在建立和谐关系的基础上各种符合客观要求的行为准则和规范的总和。但无论是古代还是现代，礼仪的内涵都具体表现在礼貌、礼节、仪表、仪式等方面。

礼貌，是指人们在彼此交往过程中表示尊敬、重视和友好的言谈举止。比如，我们经常会用"这个孩子真有礼貌"来表扬一个孩子主动与客人打招呼的举动。礼貌是以尊重他人、不侵害他人利益为前提的，是表达人与人之间和谐相处的意念和行为，如尊老爱幼、尊师重教、乐于助人、热情好客等。

礼节，是指人们在日常交际活动中，相互表示尊重、祝愿、问候、致意、慰问等待人接物方面的形式，如拜会、握手、馈赠、吊唁等。

仪表，是指人的外表、穿着，它主要指美的外在形象，引申为人的精神状态，如容貌、服饰、表情、姿态、风度等。

仪式，是指在一定场合举行的具有专门程序和形式的社会活动，如升旗仪式、奠基仪式、开学典礼、毕业典礼、剪彩仪式等。

所以，现代礼仪是人们在社会交往活动中，为了相互尊重，在仪容、仪表、仪态、仪式、言谈举止等方面约定俗成、共同认可的行为规范。"礼"是内在的，是人们对自己、对他人表示尊重和敬意的态度；而"仪"是外在的，是人们通过一定的动作、形式等表现出来的"礼"。"礼"是一种观念、一种意识、一种态度，而"仪"是外在的表现形式。"礼"字解决了，"仪"字迎刃而解；"礼"字不解决，即使懂得一些形式上的东西，也难以将其落实在行动上而形成习惯。"态度决定一切""心有敬而形于外"就是这个道理。

（二）礼仪的特征

同一历史时期，不同国家、民族、地域会有不同的礼仪规范，所谓

"百里不同风，千里不同俗"。不同的历史时期，礼仪更会打下那个时代的烙印。礼仪的内容虽然存在差异，但其基本特征是一致的，主要表现为以下四个方面：

1. 继承性

礼仪，是一种文化修养，是人类在长期的共同生活和交往中，为维持正常生活秩序而逐渐演变或约定俗成的。在这个过程中，传统礼仪中那些烦琐、保守、与社会发展不适应的内容被不断摒弃，只有那些体现了人类精神文明和社会进步的精髓才得以世代传承。比如生活中我们常说"礼尚往来""来而不往非礼也"，说话要谦恭、和气、文雅，仪态要大方、恭敬、从容，仪表要端庄、得体、简洁，对待他人要知晓爱亲、敬长、尊师、亲友之道，等等。古往今来，这些优良传统在古代适用，在当今社会也同样适用，并已成为人们生活中的一种习惯和规范。所以，无论世事如何变迁，一些好的思想观念、礼仪传统总会代代相传，被延续继承。

2. 差异性

礼仪，作为一种共同遵守的行为规范，在实际应用中还会受到时间、地域、环境及各种因素的制约，具有很大的灵活性。任何国家、民族、地区都有其礼仪的特色，这是按照地域和群体来划分的，也是礼仪的一个十分重要的特点。一方面它表现在某个地域中或某类群体中具有共同的礼仪习俗；另一方面又说明地域与地域之间、群体与群体之间的礼仪习俗有不同的地方。各自不同的文化背景和历史原因等多方面因素造成了这种不同，也由此产生了多姿多彩的礼仪文化。比如，西方人在见面礼仪中讲究拥抱，提倡"女士优先"；但东方人大多将握手作为见面的礼节。有的地方把抚摸小孩的头当作亲切的表示，而有的地方却认为这是极无礼的行为。在庆典活动中，有的民族喜欢跳舞，有的民族喜欢唱歌，有的民族喜欢泼水。所以，每到一个新的地方，最好先了解一下当地的礼仪习俗，以便入乡随俗，这样更能体现对交往对象的尊重。

同一种礼仪，对不同年龄、不同性别、不同职业的人也会有不同的呈现方式。例如，同样是打招呼，男性之间与女性之间的问候方式会不同，老朋友之间与新朋友之间的问候方式也不同。再如，同样的话语，站在不同角度表述也会不同，对年轻人来说可能没有什么，可是对中老年人来说就可能会伤害他；对同性来说很正常，对异性来说可能就失礼了。正因为礼仪存在如此大的差异性，所以要求我们在不同的时间、场合都运用相应的礼仪来展现自己的风采，而不是生搬硬套、千篇一律，把礼仪变成一种死板的教条，那样反而会失礼了。

3. 针对性

人际交往讲究公平公正、一视同仁，但更讲究对等原则，即"投之以桃，报之以李""礼尚往来"，所以礼仪礼节具有很强的针对性。如公务接待时，应当派出与对方身份、职位基本相同的人员进行接待，迎送人员数量要适宜，不可过多或过少，基本上与对方对口、对等。一个单位的处长出访另一个单位时，被访单位也应由处长出面接待，至少要安排会见。

4. 规范性

礼仪是人们在交际场合待人接物时所必须遵守的行为规范。"必须遵守"，就是不能依据个人的意愿随意改变。它已经成为人们彼此交往的"通用语言"，成为衡量他人和判断自己是否自律敬人的标尺。如果人们能自觉地遵照并维护这一准则，那么便是符合礼仪要求。如果总是自作主张、一意孤行，或者一味按照自己的喜恶行事，那么就会给他人造成许多困扰。例如，别人握手时伸出右手，而你偏伸出左手；在宴席上，别人都在小口品酒，而你却大口干杯；开会时别人都把手机调至静音或震动模式，你的手机铃声却不时响起……这种偏离常规的做法，轻则造成沟通的障碍，使别人不清楚你要表达的意思；重则令人觉得你对他人失敬。所以礼仪一旦约定后必须俗成，具有强制性和规范性。

三、礼仪的原则与功能

礼仪是约定俗成的行为规范。既然是规范，当然有一定标准和尺度来衡量其是否规范。礼仪的规范很多，可以说是包罗万象，因为它涉及生活和工作的方方面面。但只要掌握了一些基本原则，复杂的问题也就简单化了。

（一）礼仪的原则

讲礼仪，应遵循以下四条原则：

1. 尊重原则

礼仪的核心是尊重，诚如孟子所言："尊敬之心，礼也。"所以，礼仪的实质只有一个字——"敬"。"敬"字包含两层含义：一是"尊敬"，即尊敬长辈、尊敬师长、尊敬交往对象、尊敬所有人，尊敬他人就是尊敬自己；二是"敬畏"，即敬畏制度、敬畏法律、敬畏生命。敬畏制度，你上班就不会迟到，因为你知道，这是最基本的劳动纪律；敬畏法律，你就不会做违法乱纪的事情，绝不触碰法律底线；敬畏生命，你就不会"酒驾"，就不会做危及他人生命的事情。一个人如果有了"尊敬"之心、"敬畏"之意，就一定会是一个有道德有修养、懂得爱己爱人的人。

尊重原则要求人们在人际交往中与交往对象相互尊敬、相互谦让、和睦相处。"尊重"二字，在实际生活中体现为：尊重上级，是一个人的天职；尊重下属，是一个人的美德；尊重客户，是一个人的风度；尊重所有的人，是一个人的教养。人际交往中，不管年龄大小、职务高低，都应当受到尊重。对待他人要有敬重的态度，不可失敬于人，不可伤害他人的尊严，更不可侮辱他人的人格。特别是对待自己的下属和晚辈，有时他们做错了事，虽然可以严厉批评，但切不可表现出任何的不屑和鄙视，否则你也不可能得到他们的尊重。如果遇到对方有意伤害自己尊严，要坚决维护。所以，人与人之间相互尊重，是人际关系中讲究礼仪的基本出发点。尊重原则也就成了礼仪的核心原则。

2. 遵守原则

礼仪是社会生活的行为准则，它反映了人们的共同意识。世界上各民族、各阶层、各党派、各国家，都应当自觉维护、共同遵守礼仪。尤其在公共场所，更要遵守礼仪规范，否则将受到公众的批评和指责。例如，在马路上，要遵守行人走人行道，骑自行车走右侧自行车道，遇红灯要止步、见绿灯才通行等规则。在日常交往中，尤其是拜访他人或求人办事之时，要遵时守约、诚恳待人。

3. 适度原则

俗话说"礼多人不怪"，但在实际生活中，礼多了人也怪。热情过度、礼节繁多，会显得太过迂腐，反而让人反感、厌恶。例如，招待宾客时，周到地为客人端茶添水，请人就座，这都在情理之中；但如果宾客第一次来访，用餐之后起身告辞，主人却硬要留人夜宿，反而会显得太过热情，让人为难，甚至会引起对方的反感。因此，人际交往中言行举止既要合乎规范，又要得体适度。俄国短篇小说家契诃夫《小公务员之死》中的主人公"小公务员"，就是礼仪不适度的典型案例。

4. 自律原则

个人是礼仪行为的实施者，应当首先"从自我做起"，要人前人后一个样，要一视同仁，才能创造出自然和谐的相处氛围。礼仪规范不是用来约束别人的，而是用来修正自己的言行，不断完善自我的行为准则。如果一味地苛求别人而放纵自己，只会变成"孤家寡人"。因此，在学习、应用礼仪过程中，最重要的是要自我要求、自我约束、自我检视、从我做起。要加强自身修养，完善个人人格。古人常将"慎独"二字写成书法作品挂在书房作为一种修身养性的方法，就是时时提醒自己独处时也要"谨小慎微"。其实，不断地自律就逐渐形成了习惯，所谓"习惯成自然"就是这个道理。养成良好的习惯，既可消除自我约束的感觉，也可使自律成为自觉。

（二）礼仪的功能

礼仪是人类精神和物质文明成果的精髓，内容丰富，应用广泛，无论是对社会的和谐进步，还是对经济的发展，都有极大的促进作用，具体体现在以下几个方面。

1. 教育作用

礼仪以一种道德习俗的方式对社会中的每一个成员发挥维护社会正常秩序的教育作用。人们通过礼仪的学习和应用，建立新型的人际关系，从而在交往中严于律己、宽以待人，互尊互敬、互谦互让，讲文明、懂礼貌，和睦相处，形成良好的社会风尚。陶行知校长用四块糖果教育学生要守时，要勇于承认自己的错误，要懂得尊重他人的故事就是在用礼仪教育人、塑造人。

2. 美化作用

礼仪之美在于它帮助人们美化自身、美化生活，从而美化整个社会。个人形象，包括仪容、仪表、仪态、谈吐、教养等，在礼仪方面都有各自详尽的规范，因此学习和运用礼仪，有益于人们更好地、更规范地设计和维护自身形象，充分展示个人的良好教养与优雅风度。如面带微笑、有礼貌地跟人打招呼，不小心碰撞他人时说声"对不起"，大庭广众之下轻声细语，这些都能展现自己美的形象。作为社会成员的每个人变美了，整个社会也就变美了。

3. 协调作用

礼仪作为人们在社会生活中逐渐形成的行为规范和准则，它约束着人们的态度和动机，规范着人们的行为方式，维护着社会的正常秩序，协调着人与人之间的关系，在社会交往中发挥着巨大的作用。比如，上班前向父母打个招呼，见到同事热情问好，这些看似细小的礼节礼貌，会像一条美丽的纽带，把自己同对方紧密地联系起来，协调与他们之间的关系，从而获得周围人的认可与赞美，营造良好的人际交往氛围，让生活环境更加舒心、更加和睦。

4. 沟通作用

自觉遵循礼仪规范，能使交往双方的感情得到良好的沟通，在向对方表示尊重、敬意的过程中，获得对方的理解和尊重。例如，在社交场合司空见惯的握手礼，是古时人们为了表示友好，扔掉手上的工具，摊开手掌，双方击掌，示意手中没有任何武器，不会攻击对方。后来逐渐演变成双方握住右手，相互寒暄致意的见面礼节。这样的无声语言，起到了互致友好、沟通情感的作用。

习近平总书记在党的十九大报告中指出："社会主义核心价值观是当代中国精神的集中体现，凝结着全体人民共同的价值追求。要以培养担当民族复兴大任的时代新人为着眼点，强化教育引导、实践养成、制度保障，发挥社会主义核心价值观对国民教育、精神文明创建、精神文化产品创作生产传播的引领作用，把社会主义核心价值观融入社会发展各方面，转化为人们的情感认同和行为习惯。坚持全民行动、干部带头，从家庭做起，从娃娃抓起。深入挖掘中华优秀传统文化蕴含的思想观念、人文精神、道德规范，结合时代要求继承创新，让中华文化展现出永久魅力和时代风采。"文明礼貌、助人为乐、爱护公物、保护环境、遵纪守法是中华优秀传统文化蕴含的思想观念、人文精神、道德规范。礼仪修养既属于道德规范体系中的社会公德，是社会主义精神文明的内容；也符合千百年来优良传统的习惯，是适应最大多数人需要的道德伦理规范。因此，礼仪是和谐社会的基本要求，是人们希望有安定和平生活环境、有正常社会秩序的共同要求，更是和谐社会中全体公民为维系社会的正常生活而共同遵循的最基本的公共生活准则，是不可或缺的行为规范。

第二节　医护礼仪概述

案例导入

【案例1】小李，女，25岁，是一名工作三年的胃肠外科护士。一天，小李在当值夜班时急诊收入院一位胃穿孔的患者，因病情危重需行急诊手术。因为夜班工作非常繁忙，小李和另一名护士要负责科室所有住院患者的治疗、护理、病情观察和文书记录等，在进行该患者床旁评估的时候，小李急切地对家属说："快点快点！快去交钱，不交钱就没法做手术！"

【案例2】小王，女，20岁，为护理专业的在校大学生，刚下临床实习，第一个科室就是肿瘤科。患者，女，65岁，宫颈癌晚期，已发生全身多处转移。患者因疼痛、焦虑情绪非常消沉和沮丧，对医护工作非常挑剔，经常无故发脾气，将一些不满情绪迁怒于她的责任护士及责任护士所带的实习生小王。作为学生，小王缺少实践经历，每次都觉得很委屈，有时候实在忍受不了患者的辱骂，就会直接跟患者争吵。

如果你是以上两名护士，你会怎么说？怎么做？

一、医护礼仪及其原则

医护礼仪（medical etiquette），是指医护人员在进行医疗护理和健康服务的过程中，形成的、被大家公认和自觉学习并遵守的行为规范和准则，属于职业礼仪范畴，具有很强的专业性和独特性。

医护人员应当遵从以下基本礼仪原则。

（一）尊重患者原则

尊重患者，主要目的是使患者保持心理平衡，不因为疾病而受到歧视，注重维护患者的人格尊严，包括尊重患者的人格和尊重患者的权利。尊重患者的人格，是指不仅要尊重患者的个性心理，还要尊重其作为社会成员而应有的尊严。不能因为疾病而否定患者的人格，更不能因为疾病而侮辱、嘲讽和训斥患者。医护人员尊重患者的权利，是指尊重患者作为公民在法律上应该享有的权利，以及在道德上应享有的权利。医护人员应多换位思考，站在患者的角度和立场考虑问题，急患者之所急、想患者之所想，不轻易否定患者的意见，不将个人的观点和想法强加给患者，以取得患者的信任。

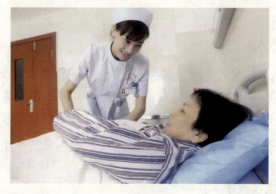

尊重患者

（二）维护隐私原则

1. 不得触及和泄露患者与医疗、护理无关的个人隐私

医护人员在搜集患者信息资料或者对患者进行护理操作时，不得过度追问与患者治疗、护理不相关的个人隐私。当患者主动告知后，医护人员一定要注意保护其个人隐私，不能泄露给他人，更不能作为交谈的话题。如医护人员在护士站、走廊上、病房内等地方，随意谈论患者的病情、隐私，或有其他人在场的情况下，大声询问患者的私生活情况、生育情况（患者是否有流产史）等，就可能被病房其他患者或家属听见而传播。

维护患者隐私

2. 选择合适的地方收集或者谈论与患者隐私有关的话题

当医护人员与患者的谈话内容涉及隐私问题时，最好选择在保护性强的房间内进行谈话，避免在人多的病房或办公室以及有行人穿梭的走廊过道进行交流。对于涉及患者隐私的病例讨论，需要在单独的、保护性强的房间进行。

签署告知书

3. 维护患者的生理隐私

医护人员在为患者进行治疗和护理的过程中，要熟练掌握操作方法。对于患者有可能被暴露的部位，应根据需要拉上床帘或使用屏风进行遮挡，并嘱咐无关人员进行回避。在操作过程中，尽量减少隐私部位暴露。

个案教学护理查房

例如，为危重患者更换床单、被套、衣裤等或翻身时，应尽量减少隐私部位暴露。在教学医院，医护人员带领大批实习生观摩妇科等敏感手术时，要事先与患者沟通，取得患者同意，绝对不能未经允许而把患者当成教学的"活道具"，擅自让学生观摩、操作，尤其是关于患者的个人信息、身体隐私部位、个人秘密，避免侵犯隐私权，给患者带来精神伤害而引发不必要的纠纷。此外，病房里应尽量杜绝男女混住的现象。

4. 做好患者健康资料保密工作

某医院呼吸内科一名护士一次和一个朋友吃饭，朋友的亲戚刚好在她工作的病区住院，请她帮忙关照。这名护士随口告知，她的亲戚已是肺癌晚期。不料朋友把病情告诉了患者，导致患者情绪大变，无法接受现实，对生活失去信心，在其陪护人员外出买饭时，从医院顶楼跳楼自杀。事后家属以这名护士泄露患者病情致患者死亡为由，要求医院做出赔偿。

床旁健康指导

患者的健康资料属于患者的个人隐私，不可将患者的病例在治疗及护理以外的区域进行传阅，更不可将其作为茶余饭后的谈资。患者的各项检查报告、检验报告应由医务人员保管，由患者当面领取。对于特殊情况应该委婉地告知患者，由其家属领取。在教学、科研、临床总结时，要删除或者隐藏能直接表明患者身份的内容，对患者负责。医院严格执行病历、健康档案管理制度，复印出院患者的病历资料时，一定要由当事人（或代办人）到医院相关部门出示身份证明，经核实有效后才能复印，以确保病历资料的安全性。

（三）诚实守信原则

诚实守信是建立良好医患关系的基本条件。医护人员在待人接物的过程中要真诚，对承诺的事情要信守诺言、尽力实现。当患者就自己在疾病治疗等方面的困扰问题向医生、护士寻求帮助时，医护人员能及时解答的，应依照患者的现有健康状况和医院的实际条件及要求，尽可能地为患者提供帮助；对于不能满足患者需求的，应立即向患者解释清楚，不可用含糊不清的言辞来推脱搪塞。对于已经承诺或答应的事情，一定要想办法尽力完成，并告诉患者完成情况以及经过。

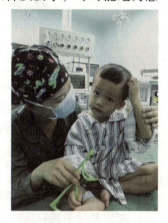

手术室护士与小患者

例如，在儿科诊疗室，经常会有小宝宝打针时不怎么配合，护士为鼓励患儿，分散注意力，会随口哄着说："宝宝勇敢，我们一起加油，把手上的小虫虫抓走。一会儿阿姨给你贴大拇指，送你大气球。"在这样的情形下，护士们就一定要把握好科室动态，确定是否有小贴画和大气球，而不能失信于病人，尤其是纯真的小患者们。

二、医护礼仪的功能和特征

（一）医护礼仪的功能

中国乃礼仪之邦，礼仪的不断发展和强化是社会走向进步、文明的表现，而医护人员之所以要学习医护礼仪，是因为医护礼仪无论是对医护人员个人，还是对医疗护理事业，都有着非常重要的功能。医护礼仪的功能主要有以下几种。

1. 规范医护人员行为，提升其自身修养

良好的医护礼仪是医护人员职业素养的外在表现，也是医院乃至整个医疗行业美好形象的表现。学习并掌握医护礼仪，能够帮助医护人员在工作和生活中更好地规范自己的行为，提高自身修养。它包含医护工作中的礼仪，以及日常生活所需的公共礼仪。通过示范、劝阻、评价等教育形式来规范医护人员在医疗护理工作中的行为习惯，并指导医护人员按照礼仪规范要求去工作，协调各方面的人际关系。患者第一次住院，面对陌生的

耐心问诊

环境难免会有些紧张不安，护士对他说："你好，我是你的责任护士，你叫我小李就好了，你在住院期间的治疗和护理都会由我来给你完成，如果你有什么事情随时可以找我，我会尽力帮助你。现在我带你去你的床位，请床位医生来看你，然后带你在病房走走，熟悉一下病区周围的环境。"护士态度应诚恳，充满关心和同情，从而稳定患者的思想情绪，也可体现出一定的职业素养。

2. 改善医（护）患沟通

调节人际关系是医护礼仪的重要功能之一。如果医护人员和患者在交往过程中，双方都能遵照礼仪要求行事，"沟通未始，礼仪先行"，则能有效地向对方表达自己的善意和友好。在诊疗过程中，热情的问候、恰当的言语、友善的目光、亲切的微笑、得体的举止，能唤起患者与医护人员沟通的欲望，建立起彼此的信任，从而建立相互尊重、友好合作的医（护）患关系，避免情感对立和矛盾冲突，从而使医（护）患关系更加和谐美好。此外，还可以帮助患者排除紧张、焦虑等负面情绪，使其积极配合治疗在一定程度上提高诊疗效果。

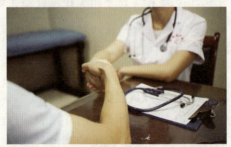

建立互信关系

例如，肿瘤患者进行放疗治疗时，根据诊疗需要，每周都会查一次血常规，以便医生了解患者的病情进展，但有的患者强烈拒绝，面对这种情况时，护士可以从患者的利益出发，以达到说服的目的，要让患者意识到做这种检测的目的是为了保护他。某天，某医院肿瘤科刘护士走进病房，说："王阿姨，今天医生开了医嘱，要给您抽血复查一下。"患者立即拒绝："不抽，不抽，我本来就这么瘦了，还总是查血，都抽了好多血了，不抽了！"刘护士耐心地解释："抽血是因为要检查骨髓的造血功能，如白细胞、红细胞、血小板等，这些指标如果太低了，我们就不能继续放疗，这样您会感到很不舒服，治疗也会中断，不利于您疾病的恢复呀！我可是希望您快快好起来的哦！"患者很好奇："那如果降低了，又能怎么样呢？"刘护士解释说："指标低了医生就会用药物使它上升，然后我们可以继续放疗！您看，别的患者都抽了！这一点点血，对您的身体不会有太大影响的。"最后，患者被刘护士说服了，配合抽血检查。

例如，某医院的病房晚上 9 点熄灯，可是 2 床患者的多名家属还是不愿意离开，想要陪着患者。陈护士对家属说："我们医院规定晚上 9 点熄灯，2 床家属，叔叔阿姨们，要请你们离开了。"听到陈护士的"逐客令"，家属很不高兴。与陈护士搭班的李护士在了解家属不愿意离开的原因后对家属说："我们很能理解你们的想法，但是现在病房是要熄灯了，病房里还有其他的患者需要休息，如果你们都在这里，会影响其他患者的，这样吧，你们留一个家属陪伴，然后把顶灯换成墙灯，这样行吗？"家属欣然接受。

启示：沟通要充分考虑当时的情境，在不同的情境里，护士要学会扮演不同的角色，处理好不同的矛盾。

3. 帮助医护人员更好地适应医疗模式转变

随着现代医疗服务水平的不断进步，医疗模式也发生了改变：从以方便医护人员工作、方便治疗为出发点的工作模式，逐步转变为"以患者为中心"的服务模式。医疗模式的改变，加上医院精细化管理，5S、7S 管理理念的深入，对医护人员素养的要求，促使医护人员逐步树立并增强主动服务意识，严格规范自己的言行，做到让患者满意。掌握医护礼仪，有利于医护人员更好地适应这一转变，以亲切、真诚、关爱的态度面对患者，为患者服务。门（急）诊护士在一定程度上，应具备社会学、心理学、伦理学、自然科学、人文科学等方面的知识。门（急）诊护士在与患者接触过程中，要始终保持敏锐的观察力，一方面通过观察，有计划地安排就诊，维持就诊次序，对年老、体弱、小儿及重症患者安排优先就诊；另一方面在巡诊过程中，应及时发现患者病情变化，以灵活、动态、个性化的服务方式，满足各类型患者的需求。门（急）诊护士必须善于发现就诊患者的心理特点，把握其变化规律，及时满足患者的心理需求。如了解病理报告、检验报告的意义，根据病情选择就诊科室，了解相关就医程序，急危重症患者迅速判断，做出及时有效处理。

4. 塑造良好的医护形象

礼仪讲究和谐，重视内在美和外在美的协调统一。医护礼仪能从行为美学方面指导医护人员规范自己的言行，不断地充实和完善自我，言谈文明，举止优雅，服饰规范，服务质量也会越来越高，必定也会增加社会对医护人员的认可度与信任度，大大提升医护人员的整体形象。

良好的医护形象

良好的医护形象

5. 帮助医护人员建立良好的心态

一个人的心态决定了他的行为。医护人员如果没有良好的心态，就会导致责任心下降，从而导致医护服务的质量下降，轻则影响患者身心健康，重则危及患者生命。医护礼仪能调节医护人员的心态，让他们能用更理智、更包容、更富有情感的心态去面对医护工作和患者。

6. 维护社会发展与稳定

医护礼仪作为医护人员的行为规范，有很强的约束力。医护人员在其约束与指导下能够更加注意自己的言行举止，用精湛的医疗护理技术治疗、护理患者，用礼貌的言辞和良好的态度与患者沟通交流。医（护）患间做到互尊互信，可以有效减少医（护）患冲突和医疗纠纷。医（护）患关系和谐，有利于社会的发展与稳定。因此，医护礼仪在维护社会发展与

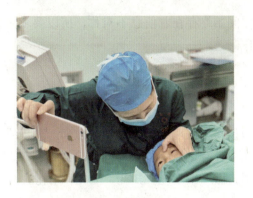

手术室人文关怀

医护一体化查房

稳定方面，也发挥着重要作用。

（二）医护礼仪的特征

医护礼仪作为医学和礼仪的交叉课程，既涉及了礼仪有关的内容，同时也体现了医护服务的特点，应归属于医护专业课程中的人文应用性学科。它具有下列特征。

1. 应用性

医护礼仪作为一门应用性课程，其教学目的非常明确，就是通过理论与实践教学，结合礼仪内容及医学科学临床健康服务需求，为临床培养具有良好礼仪修养的医护人员，使之应用于临床工作实践，以更好地为患者服务。它的核心理念是"以病人为中心"，必须考虑每名患者的感受，应用肢体和语言表达对患者的关心，以搭建和谐的医患关系。

例如，某医院的内分泌科夜班罗护士正在发早餐前的口服药，15 床患者刘女士误以为是在发饭后服用的药，冲着罗护士大喊："我怎么没有药啊！你是不是发错了？"罗护士看患者无理凶她，情绪激动地冲患者大声嚷："我在发餐前药呢，你少添乱！"搭班的胡护士在核查服药本之后对患者说："刘大姐，您对您的口服药记得很清楚啊，您的药是胃黏膜保护剂，宜饭后半小时服用，到时间我会给您送过来的，您先休息会儿。"

启示：护患之间始终存在着信息不对称，所以要求医护人员要学会站在患者的角度考虑问题。

2. 实践性

医护礼仪较强的应用性，决定了它要特别注重实践，注重各项礼仪规范的模拟操作练习，而不是仅仅停留在理论演绎、概念探讨上，更不是将更多的时间和精力仅仅花在理论研讨和学习方面。其最终目的是通过学习使医护人员在工作中具有良好的礼仪修养，自觉讲礼仪，自觉用礼仪，养成良好的礼仪习惯，做一个学礼、知礼、懂礼、用礼的人文医者。

3. 综合性

医护礼仪作为一门学科，其主要内容除包含医学、护理学、礼仪学的主干知识外，还涉及心理学、社会学、伦理学、民俗学、美学等学科知识。医护礼仪既是对这些学科研究范围的拓展，又是对这些学科在医护工作中的具体综合运用。

4. 专业性

医护礼仪是在介绍礼仪基本常识的基础上，重点介绍医护工作者在临床治疗护理工作中应该注意的礼仪修养。所以，本门课程内容相对于其他礼仪教材的特点之一，便是较多地强调医学、科学临床礼仪特点，突出其专业特点。

三、医护礼仪的文化基础与心理基础

（一）医护礼仪的文化基础

礼仪是人类历史发展进程中逐渐形成并积淀下来的一种文化现象。它是一个国家、一个民族社会风气的真实反映，同时又是衡量每个社会成员道德水准的重要标尺；它既是人类文化的重要组成部分，同时又是人类文明进步的重要表现形式之一，如同文字、绘画等。作为人类文明、进步的表现形式，礼仪是人类不断摆脱愚昧、无知乃至野蛮，并逐渐走向开放、文明的标志。

1798 年 7 月，拿破仑率领他所向披靡的远征军到了埃及。当他们在吉萨高原壮丽的晚霞下，亲眼看见那海一般辽阔、夜一般寂静的土地上那些默默无言、巍然矗立的金字塔的时候，几乎所有人都被震撼了。他们不由自主地停下脚步，甚至放下武器。拿破仑，这位被黑格尔称为骑在白马上的时代精神的英雄，也按捺不住内心的激动，以一种发自内心的崇敬，庄严地对他的远征军说："士兵们，4000 年的历史正从这金字塔上看着你们!"这个时候，谁会不肃然起敬呢？谁又能无动于衷呢？这恐怕就是古老文化的魅力了。他们肃然起敬，平和了心态，停止了战争。金字塔原本是一个建筑，为何一个建筑在这个场合可以让士兵们放下武器？这便是文化的魅力所在。

医院是一个什么样的场所？医院是病患就医问药的场所，是社会公共服务的窗口。它是由医院的房子、设施和医护人员营造的一个场所。因

医院大厅

此，在"硬件"上，要有优美的自然环境、先进的医疗设备、技术精湛的医疗队伍；在"软件"上，要有一流的服务质量、医院内部文化。因为医护人员与患者接触密切，他们的容貌、服饰、言谈、举止、姿势、礼节等都会对患者产生直接的影响，这些都是衡量医院服务质量高低的重要因素。所以，医院服务礼仪就显得十分重要。医院服务礼仪也是医护人员在与患者接触中所应遵守的规范和准则。医护礼仪的规范落实，可以使医院呈现良好的文化氛围，形成医院的品牌意识，可以营造一个让病患感到安全、值得信赖的场所，从而大大减少伤医事件的发生。

（二）医护礼仪的心理基础

健康心理是健康行为的内在驱动力。医护礼仪的心理基础，表现为医护人员应以积极、有效的心理活动，平稳、正常的心理状态，去适应、满足医护事业对自己的要求。它包括以下几个方面。

1. 以谋求事业成功为最大乐趣

医护人员只有乐于为解除患者的痛苦做出贡献，才会有热爱生命、尊重患者的美德，以及强烈的求知欲去学习、钻研业务技术，探求规律，不断提高自己的工作能力和业务技术水平。

2. 有正确的从业动机

医护工作是高尚而平凡的职业劳动，要能不为名利所诱惑，不受世俗

偏见所干扰，就必须不断调适自己的心理状态，端正从业动机，以服从工作的需要和社会的需要为首要任务，使热爱医护工作的事业心更具有稳定性、专一性和持久性。

3. 有坚强的意志力

针对服务对象的特殊性和职业生活的特殊性，医护人员需要具有百折不挠的意志力、高度的自觉性、坚忍的耐受力，坚持正确的行为准则，严谨认真，正直无邪，以高尚的人格忠实地维护患者的利益。

4. 有稳定的情绪

医护人员要学会控制自己的情绪，遇事沉着冷静，恰当地表达自己的情感。医护人员的情绪会直接影响患者及其家属，若是喜怒无常地将自己生活、工作中的负面情绪在患者面前表现出来，会将负面情绪传染给患者及其家属，不利于医（护）患沟通合作及患者病情的好转。在对急重症的服务对象进行抢救时，更要做到镇静、不慌乱、有条不紊，这样才可以赢得信任，使患者家属的情绪得以稳定。

例如，一名高龄患者因脑出血导致昏迷被急诊收治入院。家属神色慌张地将其推到护士站，嚷嚷："医生、护士，你们快来帮忙救人啊。"当班王护士很不高兴地说："你们把患者抬到病房去，放这儿我们怎么抢救。"王护士虽然很不高兴，但还是带领家属将患者送到病房，并对患者家属说："病房里不许抽烟，陪护也不能睡病房里的空床啊！"这时，一名家属突然对王护士歇斯底里地大喊："你什么意思啊？讲这么多废话，现在是要你们赶紧治病救人，快给他用药！"

5. 有美好的情感

知识、技术、情感的综合应用是医学专业的特色之一。医护人员的情感核心是"爱"，对生命的爱心和对事业的热爱而铸就的美好、细腻的情感，是对患者进行心理治疗的"良药"，同时也是顽强行使使命的心理基础。

例如，病房里经常会有护士催患者缴费的情景，李护士："阿婆啊，我都告诉您好几次了，您都欠款2000多元了，今天无论如何要让您儿子把住院费交上，否则就要停止用药了。"刘护士："阿婆啊，今天是不是感觉好多了啊？不要心急啊，会一天比一天好起来的，您再配合我们治疗一个疗程，就可以出院了，对了，住院处通知我们说您需要补交住院费，麻烦您通知家里人过来交一下，等您家人来了，我可以带他去交费。"虽然催款令人感到不愉快，但如果能在语气、语调上下点功夫，效果会截然不同的。

6. 具有科学思维

科学思维可以帮助护士对问题进行有目的的判断、反思、推理和决策，从而提高护理服务质量。科学思维的形式包括逻辑思维、非逻辑思维、创造性思维、数理思维和评判性思维。在护士进行有效临床决策时，评判性思维发挥着至关重要的作用，它既可以对一个服务对象或临床情景做出判断，也可以对选择最好的干预措施做出决策。培养护士的评判性思维能力，对于提高护理质量具有重大意义。

急诊护士值夜班时，一名患者主诉头痛要求看急诊。陈护士说："您头痛啊？头痛要做脑电图检查，我们医院晚上脑电图室不上班的，做不了，所以您去别的医院看病吧！"田护士说："您好，您是不是近期感冒啦？来，先坐在这里，让我给您测一下体温，看看有无发热，然后请医生来给您诊查，好吗？"

启示：护士指导不明确，患者需要进行什么检查项目应当在医生诊查之后由医生来决定，绝对不得私自推诿患者。

某家医院普外科夜间接诊一名特殊患者，女，16岁，单亲家庭，私拿家中老人现金，与男友外出饮酒后坐男友摩托车摔伤，诉腹部疼痛就诊，患者当时神志清楚，只要求医院注射止痛针，拒绝住院，拒绝联系家人，值班护士通知值班医生查看患者时，并未告知患者血压偏低，而患者极度不配合，其男友也不愿陪同治疗，随后自行离开医院。结果第二天，这名16岁的花季少女死于男友租的面包车内。经相关部门鉴定，少女死于肝脾破裂，失血性休克。这真是不应该发生的悲剧。

7. 要优化自己的性格

性格反映了一个人的心理状态和行为习惯。待人热情诚恳、宽容豁达，工作一丝不苟、认真负责，有灵敏的思维、稳定的情绪、活泼开朗的个性、稳重冷静的处事态度，是医护人员的性格特色。医护人员优化自己的性格，不仅能给患者以温馨和信任，而且能产生良好的治疗护理效应。

赵护士端着治疗盘经过护士站，正好看到科室一名患者在用医院的精字处方（一种专用于精神药品的处方）随手记电话号码。出于对处方管理的责任感，赵护士没来得及向患者做详细解释，急忙将患者手中的处方拿走，结果导致该患者的不理解，情绪激动大声吵闹，甚至用言语辱骂赵护士。这时，工作经验丰富的李护士见状，连忙将赵护士拉开，耐心而礼貌地安抚患者说："对不起，请您不要着急，您有什么问题我们一定尽力帮助解决。"患者显然被激怒了："这张处方又不是我自己拿的，是门诊的一名医生交代事项时顺便给我的，我用它写字，就记个电话号码有什么关系？"李护士把患者带到护士办公室，请患者坐下稳定情绪，温和地说道："我很理解您的心情。"稍微停顿了一会儿，见患者已经冷静下来，接着语气平和地说："但是，您可能不知道，医院对处方的使用范围有严格的管理要求，尤其是精字处方是不能随便做其他的用途……今天出现这种情况，说明是我们自身的管理不到位，我们有责任，请您谅解一下。"经过有效沟通后，患者理解了赵护士的行为，平息了怒火。

四、医护礼仪与修养

（一）修养

1. 修养的概念

所谓修养，是指培养一个人高尚的品质和正确的处世态度或完善的行为规范，或指思想、理论、知识、艺术等方面所达到的一定水平，以及逐渐养成的待人处世的正确态度。修养通常是一个人综合能力与素质的体现。

2. 修养的基本内容

修养能够体现一个人的综合素质与思想、文化、艺术等多方面的水平，其内容涉及多方面，主要有以下三点。

（1）道德修养。是指个人在长期的社会实践中在道德意识、道德行为方面，自觉地按照一定社会或阶级的道德要求所进行的自我审度、自我教育、自我锻炼、自我改造和自我完善的活动。道德修养体现在一个人的世界观、人生观和价值观上，体现在一个人的工作、生活和社会交往中，体现在一个人的一言一行上。

（2）文化修养。是指对人文文化、科技文化中的部分学科有了解、分析、研究、掌握的技能，可以独立思考、剖析、总结并得出自己的世界观、人生观、价值观的一种能力。文化修养是在人们认识、改造自然和社会的过程中逐步产生和发展起来的，是靠相当长的时间不懈努力地学习和修炼而形成的积累，文化修养的提升需要依托一定的物质载体。

（3）心理修养。是指心态以及心理活动的自我调控能力。作为当代青年，每个人都应该树立积极、健康、向上的心态。

（二）礼仪与修养的关系

1. 礼仪是修养的行为规范与准则

《礼记·大学》中写道："欲齐其家者，先修其身；欲修其身者，先正其心"。此处的"修身"，是指人们在道德品质、思想情操、精神境界、业务能力等方面进行的自我修炼和自我培养，强调"自我"，重点是"修炼"。"礼仪"则是自我修炼与自我培养所需的行为规范和准则。

2. 礼仪有助于人们提高自身修养

在人际交往中，礼仪不仅反映出一个人的交际技巧与应变能力，还反映出一个人的精神风貌、气质风度、文化阅历、道德情操等。从这个意义来说，礼仪就是修养。通过一个人对礼仪掌握和运用的程度，可察知其修养的高低、文明的程度和道德的水准。因此，学礼、知礼、懂礼和用礼，有助于提高自身修养。

（三）医护人员的修养

晋代杨泉在《物理论》中指出："夫医者，非仁爱之士不可托也；非聪明答理不可任也，非廉洁淳良不可信也。"意思是说，医者，就要有仁爱之心，要聪明、廉洁、淳朴、忠良。

"仁"字，从字形上看，左边一个单立人，右边一个"二"字。左边单立人，代表普天之下不同身份的生活者；右边这两横，表示等同和等齐。两者组合在一起，意思是对不同身份的人，等而视之、将心比心。"二"字两横不等长，表示生活中的每一个人，其性别、民族、文化不一样，虽有不同不等，但我们还是要追求平等、博爱的大同思想。所以，在家庭里，我们孝敬长辈、友爱邻里、关心亲朋，这是"仁"；在社会上，我们关怀弱者、待人友善、与人真诚，这也是"仁"；在国际上，我们和平共处、谋求共赢、互利共赢，这还是"仁"。作为一名医者，仁爱即是宽仁慈爱，爱护、同情每一名患者，对谁也不要生坏心，对所有的人都要有同理心。

1. 学礼

子曰："不学礼，无以立。"意思是说，一个人如果不学礼，就无法在社会上立足。医护人员是最佳医疗健康护理的提供者，更应学礼、知礼、懂礼，并将礼融入到医疗护理实践中。学习礼仪可以让医护人员言行自律，而不是"拿个手电筒到处照别人"，达到摒弃、杜绝一些不规范行为的目的。礼仪是真诚尊重和有效表达的统一，学习礼仪可以让医护人员发自内心地去尊重自己的服务对象，让自己善良的心意通过优美的举止和亲切的语言表达出来，从而让患者感受到真诚，大大提高服务满意度。

2. 慎独

子曰："古之学者为己，今之学者为人。""古之学者为己"，意思是说，古时候的人修行是为了让自己成为一个什么样的人，自己是自己的"检察官"。"今之学者为人"，就是说把别人当成自己的"检察官"，如果别人不在了，身处一个没有束缚的条件下，或者别人不能认出你的时候，你就开始放肆，一下子就露出原形，没有了自律性，这就是人们常说的"人前人后不一样"。所谓慎独，是指人们在独自活动、无人监督的情况下，凭着高度的自觉性，按照一定的道德规范行动，而不做任何违背道德信念、做人做事原则的事情。临床医护人员在核心制度的落实、各项技能操作的规范实践上，需要有严格的慎独精神。慎独是医护人员必须具备的品质，因为只有具有这种品质的人才配当白衣天使，它也是杜绝纠纷、各类安全隐患发生的必备品质；慎独是医护人员给患者提供始终如一服务的有力保障，医护人员只有具备良好的慎独修养，才能展现白衣天使的真正美丽。因此，可以说，"慎独是一种情操，慎独是一种修养，慎独是一种自律，慎独是一种坦荡，慎独就是对自己和患者的尊重！"

3. 诚信

子曰："人而无信，不知其可也。"为人处事也好，为政经商也罢，诚信绝对是成败之关键所在。古时有个典故"郭伋亭候"。汉代的郭伋，是茂陵（今陕西兴平）人，到并州（今山西太原）做刺史，对待百姓们素来广结恩德，言出必行。有一次，他准备到管辖的西河郡（今山西离石）去巡视。有几百个小孩子，每人骑了一根竹竿做的"马"，在道路上迎着郭伋拜见他、欢送他，问他什么日子才可能回来。郭伋就计算了一下，把回来的日子告诉了他们。郭伋巡视得很顺利，比告诉孩子们的预定日期早回来了一天。郭伋唯恐失信于孩子们，就在离城还有一段距离的野亭里住了一晚，第二天才进城来。当天，那些孩子们都在路上欢迎郭伋的归来。光武帝刘秀称赞郭伋是个贤良太守，后来郭伋活到了 86 岁去世。郭伋做到了童叟无欺、恪守诚信。古人亦云："不为良相，便为良医。"医者需要大同境界，而诚信是基础，是职业生涯中的必修功课。对待每一名患者都做到言而有信、童叟无欺，才能建立良好的医患沟通桥梁。

4. 勤学

子曰："学而时习之，不亦说乎？"学习过知识后就去实践它，使它变为习惯，不也是一件很愉快的事吗？医护工作人员最需要重视的就是学以致用。无论是刚毕业进入临床的年轻医生，还是具有一定临床经验的有资质医生，能够在理论联系实际的基础上，形成一种从思想到行为自觉学习、刻苦钻研意识，把每一个服务个体当作唯一研究对象并不断总结，从而不断提升自身的医学专业知识，提高职业水准，具备更为全面的职业素养。周恩来说过"活到老，学到老"，学医者只有努力勤奋学习，加强自身理论建设，充实团队力量，这样医学才会不断进步，人们的幸福生活才能得到有力的医学保障。

这里为大家介绍两位美丽的医者：一位是北京协和医院麻醉科罗爱伦教授，她是国内外著名麻醉学专家、疼痛医学专家，中央保健委员会委员，历任北京协和医院麻醉科主任、中华医学会理事、中华医学基金会副理事长、中华医学会麻醉学分会主任委员等职务。如今她已是耄耋之年，但只要身体允许，就坚持到医院上班。她被医疗界的后辈们亲昵地称为"麻醉科女神"。《良医》栏目"科普中国——科技名家风采录"曾以《守望生命》《罗爱伦：医者仁心》为题先后进行报道。她54年如一日地工作在外科及麻醉科临床、教学及科研第一线。她最多的经验分享就是要勤于学习，她以自身实际行动告诫年轻的医生们要"学习、学习、再学习"，在学习中消化所学内容，要想成为一名好的医护人员，就必须在干中学、充实自己。有些疾病并不可怕，引发的疼痛却是难以想象的。作为一名麻醉师，她为了真正解决患者的痛苦，以身试"吗啡"和"杜冷丁"镇痛的效果差别，得知感觉确实不一样，从而明白如何更好地在不同个体上应用。她时刻为患者考虑，并且从不间断学习，这是一种高尚的职业情怀。正所谓"医者如斯，民之大幸，国之大幸也"。另一位是北京协和医院主任医师、博士研究生导师、感染内科主任，卫生部艾滋病专家咨询委员会临床组组长、中华医学会感染性疾病分会副主任委员兼艾滋病学组组长李太生教授。他投身杏林38载，钟情抗艾24年，置身于北京协和医院的医学圣殿之中，锁定自己的科研目标为"以医报国、立足临床、服务病患"，多年来在繁忙的诊疗工作中挽救无数濒临绝境患者生命，利用一切空余时间从事科研工作。他在艾滋病和传染性非典型肺炎（SARS）的临床诊疗及免疫学方面开展了系统性、创新性的研究，并取得了重大突破，推动艾滋病由"不治之症"转变为可控的慢性疾病，患者可得以长期存活。明知未来征途艰险，李太生毅然立志咬定目标不放松，坚定前行，他用实际行动践行《协和赋》中永不磨灭的协和精神："博极医源，精勤不倦""肩负民族大义，不辞赴汤蹈火"。我们的前辈，值得我们学习，协和精神、民族精神更值得我们永远追随。

5. 分享

分享是一种博爱的心境，是一种思想的深度，也是一种生活的信念。医护人员每天要面对许多不同的个体，有许多错综复杂的问题需要解决，如何在有限的精力下，让期望值达到最高，让服务对象感到满意，学会分享才是睿智的选择。懂得分享，乐善好施，虚心学习，不耻下问，与同行、同道甚至病人都可以分享经验，无论是成功还是失败，要敢于用心去尝试，让自身的点滴智慧与大众智慧融于一体。

目前国家政策层面上医改也在快速地加强"医联体建设"，重视医联体建设要明确联合的目的，医疗机构之间的利益共享是基础也是前提，因此需从实质上建立起一套共建、共享、共赢的机制。建立实质性的联合，关键之一是要找准各级医疗机构共同的切入点。例如，北京医院为实现关口前移、重心下沉（人才、技术下沉），把更多优质医疗资源投入到医联体建设工作中，以专科、专病联盟为切入点，让医联体具体到疾病。这些方式既能让上级医院获益，又能让下级医院提升内部实质本领，实现各级医院的功能定位，最终建成利益共同体。现在进行得如火如荼的医学远程教育，利用电子平台、微信公众平台，相互交流、联动学习的一系列举措，都是为了让医学资源得到有效的整合、共享，有力地拓展医疗专业知识面，从而达到医者、患者、政府三方共赢的和谐局面。

6. 自省

曾子曰："吾日三省吾身：为人谋而不忠乎？与朋友交而不信乎？传不习乎？"意思是说："我每天多次反省自己：替别人做事有没有尽心竭力？和朋友交往有没有诚信？老师传授的知识有没有按时温习？"世道纷纭，熙熙攘攘，心为外利所动，几乎失去真我；物欲横流，乃至人心不古；求诸外欲，而忽略了内在的诚信。如何对待浊世横流？先人主张人应在人世间寻求与他人的契合，在求诸他人之时首先求诸自身：我是否做到了？以此感化世人，引导世人。中华传统文化儒家思想认为，拥有存在的概念并非空洞，是个体的真实存在及其对整体的真诚关怀。正是因为社会的整体意识，人们才能时刻感受人类和人性，感受一种历史的和社会的使命感；人格在"仁爱"的道德基础上，能形成博爱的集体意志，由集体意志驱动个体不停反思。医护人员每天要面对受病痛折磨的患者，如何给服务对象提供好的服务？如何使服务对象满意？如何让单位、集体知道你不仅是一名"人才"，更是一名被需要的"人才"？如何让家人感受到医护责任的重大？这些都需要医护人员每天审视自己的一言一行，把天使般的人格魅力融汇到日常的举止行为中，才能收获更多的包容和理解。

人常说"聪明是一种能力，而善良是一种选择"，作为医护人员，作为人们的身心齐修、艺术工程师，我们肩负着沉甸甸的责任，同时也是一种大爱的使命。我们应该正确认识自我、定位自我，有优良的职业道德，树立正确的世界观，从而体现伟大的人生价值观。

五、医护礼仪与传统文化

（一）中华传统文化的概念

中华传统文化，是中华文明成果根本的创造力，是中华民族历史上道德传承、各种文化思想、精神观念形态的总体。中华传统文化是以老子道德文化为本体，以儒家、庄子、墨子的思想及道家文化、佛教文化为主体等多元文化融通和谐包容的实体系。

儒家创始人为孔子，名丘，字仲尼，鲁国人（今山东曲阜）。孔子思想里，最重要的内容之一就是"礼"。所谓"礼"，只是纲常名教化的政治、社会秩序。

什么是道家？所谓道家，最初见于汉代司马谈《论六家要旨》。司马谈说："道家使人精神专一，动合无形，赡足万物。其为术也，因阴阳之大顺，采儒墨之善，撮名法之要，与时迁移，应物变化，立俗施事，无所不宜，指约而易操，事少而功多。""知变，因变，应变"，可谓道家之特长。亦有老子在《道德经》里提到"道生一，一生二，二生三，三生万物"，道法自然是道家的核心思想，万事万物皆应顺应和谐，要有更宏观、客观的世界观、人生观。

儒家文化要素

佛教于两汉之际传入中国，在中国的历史条件下，开始生根、发展，成为中国封建社会上层建筑的一部分。佛教是一种伦理道德色彩相当浓厚的宗教。佛教以人生为苦，因而它就把追求人生的解脱作为自己的最高理想，为了实现理想便提出了一套去恶从善的理论学说和伦理道德准则，形成了有关宗教伦理道德的思想体系。

我们可以形象地比喻一下：儒家思想——水，它融入到人们生活的点点滴滴，如影随形；道家文化——云，尽管扑朔迷离，但是总能让人们感受到它的存在，告知人们不能偏离大道；佛教文化——空气，让每个人内心充满慈悲。

（二）传统文化的核心

中华传统文化是中国五千年优秀文化的统领，而流传年代久远，分布广阔。文化是宇宙自然规律的描述，文化是道德的外延；文化是人类社会特有的现象，文化是生命，生命是文化；文化是软实力，是影响一切的内在驱动力；文化又是社会意识形态，是中华民族思想精神，是社会政治和经济的根本。

传统文化的核心就是"和、乐"。儒家、道家、佛教、伊斯兰教等所有文化都围绕这个思想，如"有朋自远方来，不亦乐乎""四海之内皆兄弟也""己所不欲，勿施于人""德不孤，必有邻"。子曰："礼之用，和为贵。先王之道，斯为美；小大由之。有所不行，知和而和，不以礼节之，亦不可行也。"（出自《论语·学而第一》）

（三）医护礼仪的核心价值观

古人云："人有礼则安，无礼则危。"意思是说，人有礼仪规范就会和谐，没有礼仪规范就会有危害。同时告诉人们，在生活或工作中，若不想遭人嫉妒乃至怨恨，最好的行为便是"凡事以礼为先"。也许你不经意的一种行为，随地吐痰、出言不逊、耀武扬威……别人都会对你产生反感，你在别人心目中的形象就会大打折扣。德国有一句话叫"脱帽在手，世界任你走"。有礼节不一定总能为你带来好运，但没有礼节却往往使你与幸运擦肩而过。要想在纷繁复杂的现代社会中走得更远、更好，就要时刻注意保持礼节。

医护礼仪的核心价值观：敬畏生命，崇尚健康。学习医护礼仪不是单纯地学这个手势、那个手势，单纯地知道点头、微笑，问候您好、我好、大家好，而是要发自内心地感受礼仪的文化，明白医护礼仪是融入到我们工作当中，从我们的一言一行，真情流露出我们工作的态度，让患者在身心上都能感受到的东西。医护礼仪是要求我们医护工作者发自内心地对身边生命尊严的尊重，发自内心、带有情感地去关爱身边的服务对象而履行的行医艺术。

六、医护礼仪学习的意义与方法

（一）学习医护礼仪的意义

1. 医护礼仪培训的重要性

孔子曰："礼者，敬人也。"医护人员的基本职责是全心全意为人民服务，保护人类的生命，治疗疾患，减轻病痛，促进健康。医护人员的礼仪风范，将直接影响着自身、科室和医院的形象，以及医患关系和诊疗效果，也在一定程度上展现了一座城市的文明程度。"每个员工都是医院形象的代言人"，医院形象又决定医院未来的发展。我们只有做好应有的医护礼仪培训，才能在形象塑造、文化表达上把医院提升到一个满意的地位。

2. 医护礼仪培训的迫切性

资源礼仪培训师晏一丹老师说过："医者的服务和态度甚至比其自身的医术更为重要。"提高医院的服务水平能够拉近医院与患者之间的距离，增强患者与医院的互动和理解，从而在患者心目中树立良好的可信赖的品牌形象。通过培训使医护人员保持积极热情的工作态度是提升服务质量的前提，而只有学习系统的服务礼仪与技巧，将医院的卓越服务理念落实到日常的服务行为中，提升患者的满意度和信任度，这样才能为医院树立更优质的形象，为医院带来更全面的收益。

3. 医护礼仪培训的目的

（1）有助于提高医护人员的医德修养。医德修养是医务人员职业活动的一种重要形式，加强医德修养，对于提高礼仪素质和礼仪水平有决定性作用。对于青年医务工作者来说，培养高尚的医德情操和养成良好的医德习惯，对其一生的发展都非常重要。

（2）有助于提高医护人员的个人素质。礼仪不仅仅是一种外在的表现形式，它与人自身的修养密切相关，个人的素养与礼仪水平是成正比的。

（3）提高医疗服务质量，塑造服务品牌与形象。医护人员及其他相关人员的素质修养和医德修养提高了，才能逐渐形成全心全意为患者服务的理念，才能做到无私奉献，这样就有助于提升医疗服务质量。医院的品牌形象也通过员工的仪容仪表、言谈举止、服务意识以及活动过程表现出来了。

（4）增强医院的市场竞争力。在医院医疗水平差别不大的情况下，患者更愿意去环境好、服务好，又能满足需求的地方，既得到了个人心理上的满足，又享受了服务。

（5）提高医院的服务水平。医护人员在工作中的言行举止都是医院形象最直观、最有形的载体，其言语行为的专业性、礼节性、标准度就是患者接受和认可医院最有说服力的评价因素。

（二）学习医护礼仪的方法

1. 培养判断和观察能力

孔子曰："泛爱众而亲仁。"我们要广泛地去爱众人，亲近那些有仁德的人，作为医护人员更要平和、平等地去关怀患者，规范自己的言行，提升修为，敢于担责，勇于创新，勤于学习，努力成为有"善行芳表的人"。学习医护礼仪，可以在日常工作中，采用直接观察的方法，选择在医院的门诊、病房、注射室、急诊室、手术室等医疗场所，以及社区医疗服务地点、家庭病房等有服务对象的场所，观察一些医护人员的言谈、举止、行为，判断他们的行为方式在哪些方面给患者带来了不良影响，又在哪些方面可以使医患关系显得更为和谐。通过综合分析和比较，找出最佳的表达沟通方式及服务态度，并加以学习和借鉴，逐渐形成医院的规范服务体系。

2. 采取多样化途径学习

在学习礼仪的过程中，医护人员应广泛利用课堂听课、课堂参与互动、情景模拟、课后翻阅图书资料、接触广播电视和浏览互联网等多种途径，全面获取有关礼仪规范的知识。同时也可以在社会实践交往中进行学习，参与实践交往作为学习礼仪的一个具体过程，可以使医护人员加深对礼仪文化的了解，强化自身的内在修为，同时可以实地考察、检验礼仪发挥的作用，并且据以判断个人掌握、运用礼仪的实际水平。

3. 进行规范性模拟训练

一个人的礼仪修养不是与生俱来的，也不可能在短时间内自发形成，而是通过课堂上的模仿训练以及后天学习长期积累而成的。向患者表示关心友好的方式有很多，除了履行医疗服务的规范章程、遵循标准操作行为规范以外，还常涉及到服务语言、沟通艺术，包括语速、语调、语音，以及一些手势、体态形式上的礼节，比如鞠躬、指引、拥抱等，以及微笑、眼神等非语言行为，都必须进行规范性的模拟训练。

4. 反复实践

学习礼仪是一个从认识到实践不断强化的过程。要使自己成为一个知礼、懂礼、学礼、用礼的人，就必须把对礼仪的认识深入内心，运用到实践中去。然后，对自己的行为进行自我反省、对照，再努力把在实践中得出的新认识贯彻到以后的行为中去。如此不断循环往复，从而达到提高礼仪品质、持续践行礼仪行为的目的。医护礼仪的学习不是单纯的动作表演、姿态的训练以及语言的规范化。医护人员在讲究外在形式表达的同时，还应注重内在的修养。如果一个人仅有光鲜的表象，而不去努力提高自己内在的素养，那么礼仪也只能是一种缺乏内涵的机械模仿。因此，医护人员要不断地充实自我、完善自我，这种完善包括道德修养的成熟、文化知识的充实、业务技术的精湛、个人职业素质的提升等，最终达到"秀外慧中""知行合一""诚于中而形于外"的目标。

延伸阅读

[1]姬仲鸣,周倪.孔子:上卷[M].北京:中央民族大学出版社,1998.
[2]姬仲鸣,周倪.孔子:下卷[M].北京:中央民族大学出版社,1998.
[3]杨朝明.荀子[M].开封:河南大学出版社,2008.
[4]黄怀信.大学 中庸讲义[M].北京:清华大学出版社,2013.
[5]司马光.资治通鉴[M].太原:北岳文艺出版社,2013.
[6]刘同.谁的青春不迷茫[M].北京:中信出版社,2012.
[7]李清如.跟杨澜学做完美女人[M].武汉:武汉出版社,2012.
[8]周小平.请不要辜负我们这个时代[M].海口:南海出版公司,2014.

视频链接

1. 中国大学精品视频公开课"现代礼仪"第一讲。http://www. icourses. cn/web/sword/portal/videoDetail? courseId = c90fe3c3 - 1332 - 1000 - 9af0 - 4876d02411f6。

2. 国家精品在线开放课程（慕课）"现代礼仪"第一章。http://www. icourse163. org/course/HNU - 20005。

3. 中央电视台 10 频道《百家讲坛》特别访谈节目《解读于丹》。

4. https://m. v. qq. com/play. html? ptag = v_qq_com% 23v. play. adaptor% 233&vid = g0350wa3ysd。

作为一名医护人员，我们都知道，随着医疗护理事业的不断发展和患者服务需求的日益增长，掌握医护规范礼仪，既是医护人员提升服务质量、提高工作效率、改善医患关系的重要手段，也是医护人员高尚情操与自我修养的体现，更是职业素养的外在表现。

医护礼仪是在医院医务人员与患者之间展开的，是医院员工在工作和社会生活交往中的仪表、言行表现。医院医护人员专业规范的仪容仪表，既反映了医护人员个人的责任心和事业心，折射出所在医院的团队文化水平、品质、精神风貌，也反映出所在医院整体医疗、护理的管理境界。另外，医护人员在人们头脑中的形象还直接影响社会对医护职业的评价，影响到医护人员在社会中的地位。在当前我们要致力于"立足医院发展，提升患者满意度，构建和谐医患关系"的前提下，提高每一名医护人员的形象意识，注重仪容仪表职业化，懂得用形象表现专业，加强自身修养，注重人文关怀，亲切自然并充满爱心地服务每一位患者是至关重要的。

第一节　医护职业美学

案例导入

护士长和往常一样早早地来到科室，问候上夜班的护士小杰："早上好，小杰，你辛苦了，晚上病房里的宝宝们都还好吗？"确实是折腾了一晚上的小杰，一脸疲惫，满是委屈地望着护士长说："大部分宝宝还好，我班上的时间治疗都顺利完成，各管道护理、基础护理已落实，就是那个5床××的家属，夜里我查房，宝宝发烧，我特意多给宝宝量了几次体温，谁料家属极度不配合，后面两次还莫名其妙地冲我发火……"护士长似乎听出了原委，询问小杰："宝宝发烧，你告知家属每次的体温值、需要采取的措施以及注意事项了吗？""我说了啊，宝宝是低烧，体温在38.5℃以下，可以先多喝温水啊，我量体温时还摸了宝宝身上，看出汗了没有……"晨会交班后，到病房进行床头交接班，来到5号床，小杰都不敢吱声，护士长面带微笑迎上去："早上好，××宝宝妈妈，您辛苦了，昨晚宝宝有点低烧，您忙着照护，没怎么休息好吧？宝宝现在体温37.8℃，昨天是入院的第二天，因为化脓性扁桃体炎，您知道的，宝宝入院时化验结果，炎性指标都超高，所以这个炎症控制是需要一定的时间的，还望您能理解。""昨晚还好，没有高烧，前两天在家里都烧到39℃以上了，所以我们才急着来住院的。""××妈妈，请您和家人这些天注意宝宝的饮食，还是要以清淡为主，不要吃油炸、煎烤食品。""好的，谢谢你们。家里是熬了粥，一会儿送过来。""好，谢谢你们的支持与配合，相信宝宝会尽快好起来的！"一旁的小杰很纳闷，为什么护士长可以和家属这么愉快地聊天呢？

一、美学

美学是从人类对现实世界的审美关系出发，以艺术作为主要研究对象，研究美、丑、崇高等审美范畴和人的审美意识、美感经验，以及美的创造、发展及其规律的科学。在神秘的大千世界里，美无处不在，又无时不在被创造和产生着。医护人员学习美学知识，有利于树立正确的审美观，培养自身高尚的道德修养和审美情操，提升整体的仁者情怀。

（一）美学的概念

美学是以对美的本质及其意义的研究为主题的学科。美学是哲学的一个分支。研究的主要对象是艺术，但不研究艺术中的具体表现问题，而是研究艺术中的哲学问题，因此被称为"美的艺术的哲学"。

（二）美学的基本特征

1. 形象化

美的事物富有形象、具体化的特征。例如，我国的五岳名山，天下闻名，就是因为景色各有特点，备受游客青睐，让许多文人墨客留下了大量的诗词作品。而山形各具特色，也有"恒山如行，岱（泰）山如坐，华山如立，嵩山如卧，唯有南岳独如飞"的佳话，形象地描绘了各山的不同景观。

2. 感染力

美的事物不仅具体、形象，而且具有很强的感染力。它之所以具有感染力，最直接的原因就在于，这些美的事物透露出一种可以令人愉快、感动的东西。联想一下，眼前是一片秀丽、神往已久的风景；耳边是优美高雅的乐曲，或是清脆悦耳的朗读声……都会让人们情不自禁地感到心旷神怡。而在《厉害了，我的国》中记录了中国桥、中国路、中国车、中国港一个个非凡的超级工程，还展示了人类历史上最大的射电望远镜FAST、全球最大的海上钻井平台"蓝鲸2号"、磁悬浮列车、5G技术等引领人们走向新时代的里程碑般的科研成果。从圆梦工程到创新科技，从绿色中国到共享小康，电影分享震撼的影像效果的同时，彰显出了国家的真正实力所在，展现了国人们不畏艰险、埋头苦干、开拓进取的美好情操，让人们在为之震撼、感动的同时，也深深地感受到了一份责任，激励着人们要敢于拼搏、努力前行。

3. 艺术性

美的事物具有一定的艺术性，可以不同程度地给予人精神层面的满足，美的事物如同艺术品，可以值得人们去鉴赏，从而开阔人们的视野、舒展性情、启发思想而达到精神的愉悦。

二、医护职业美学

随着社会生态环境的变化、科学技术的快速发展，人们快节奏的生活习性，导致人类疾病谱悄悄地发生着变化；医学模式也从生物医学模式转变到了生物－心理－社会医学模式；医护人员的服务重心从救死扶伤转变为保障人民群众的健康。因而，推进医护人员素质教育的进一步深入、加强医护人员的美学教育是至关重要的。只有将中华传统礼仪文化与医护职业礼仪教育相结合，将医护人员内、外在美的教育与自身实际行为规范相结合，才能培养出外形优美、举止优雅、训练有素的适应社会发展的"爱的天使"。

白衣天使

（一）医护美学的概念

医护美学是将美学基本理论应用于医疗护理实践的一门科学。行医是集科学、技术、人文、爱心于一体的一门艺术。每个人一生的生、老、病、死都会在不同程度上受到医护人员的关爱、照护。在医院，医护人员以无比纯洁的奉献精神投身于烦琐的日常工作中，不言放弃、不言苦与累，是最高尚的职业美的体现。就如冰心所说："爱在左，而情在右，走在生命路的两旁，随时撒种，随时开花，将这一径长途点缀得花香弥漫，使得穿花拂叶的行人，踏着荆棘，不觉痛苦，有泪可挥，不觉悲凉！"医护人员只有同理、共情、友善地关爱身边的每一名患者，用自己的心去播撒爱的种子，温暖患者，才能真正成为"白衣天使"。

（二）医护美学的基本要求

1. 塑造规范的仪容仪态

医护人员在工作中的一言一行、一举一动都体现着医护人员自身的形象和医院形象。医护人员仪容端庄、举止文雅、仪态得体可以让患者觉得亲切、自然，给患者留下美好的印象，使患者获得真诚、信赖的美感，有利于调动患者的积极性，配合治疗，促进更快更好地战胜病魔。

2. 具有娴熟、精准的操作技能

医护人员在各项技能操作中，应表现出技术娴熟、动作规范、具有节奏性、有章可循。具体可以体现在：轻柔、娴熟、精准、细致。

3. 学习人文科学，提高自身的审美能力

医护人员要拓展自身的知识面，努力学习更多的人文知识，在心理学、沟通学、管理学、社会美学等各个领域充实自己。

（三）医护职业美学

医护人员良好的职业形象能让患者在短时间内产生信任感，获得安全感，给患者留下深刻的印象，从而建立和谐的医患关系，彼此尊重。

1. 高尚的医德

凡大医治病，必当安神定志，无欲无求，先发大慈恻隐之心，誓愿普救含灵之苦。若有疾厄来求救者，不得问其贵贱贫富，长幼妍媸，怨亲善友，华夷愚智，普同一等，皆如至亲之想。亦不得瞻前顾后，自虑吉凶，护惜身命。见彼苦恼，若己有之，深心凄怆。勿避险巇、昼夜寒暑、饥渴疲劳，一心赴救，无作功夫形迹之心。如此可为苍生大医，反此则是含灵巨贼。（——孙思邈《大医精诚》）

唐代名医孙思邈写的《大医精诚》被称为"东方的希波克拉底誓言"，是对医者高尚医德的全面论述。其中说到了最重要的两点：第一是精，要求医者要有精湛的医术，认为医道是"至精至微之事"，习医之人必须"博极医源，精勤不倦"；第二是诚，要求医者要有高尚的品德修养，以"见彼苦恼，若己有之"感同身受的心，策发"大慈恻隐之心"，进而发愿立誓"普救含灵之苦"。高尚的医德是其他一切行医行为的前提保障。

2. 精湛的行医艺术

精湛的技术是医护人员应具备的基本素质，熟练掌握各项医疗护理操作技能，做到技术上规范、符合流程标准，努力达到精益求精，是顺利开展医疗护理工作的必备条件。

行医是一门艺术，在倡导科学、专业、特色的医疗服务品牌的同时，人文关怀更显重要。2017 年 5 月，《人民日报》刊登了这样一篇报道——《护士为何卖草莓》。山东省某家医院的骨科护士在工作之余，多了一项"副业"，在微信群里动员医护人员买草莓，帮助科里的一名车祸患者销售家中滞销的草莓，以解决燃眉之急，3 天时间，这名护士帮忙卖出 180 多盒草莓，用卖草莓赚的 1500 元钱交了住院费用。报道中称："行医治病有

两个维度：一是技术，一是人文。技术层面是指对症下药、科学处方，人文层面是指感情抚慰、人文关怀。病人得病，除了身体上的痛苦外，还有精神上的折磨、情绪上的波动。只有药物治疗和心灵治疗双管齐下，才能更好地为患者解除病痛，医疗从来不只是一个冷冰冰的技术问题。况且，技术能解决的问题总有边界，换句话说，总有治不好的病症，这时候心灵治疗尤为重要。故而特鲁多铭言云：有时是治愈，常常是陪伴，总是在安慰。当科学技术用于治病以来，技术维度得以提升，甚至能实现换心易肝的'神仙手段'。技术这条腿迈出后，人文这条腿必须跟上。南丁格尔在治病救人的同时，也不忘给战士遗孀写信，指导她们申请补助、克服困难。林巧稚给医学生批作业，把'优秀'的考评只给了一名学生，因为其多写了句'产妇额头上沁出汗珠'，体现了对病人的关爱。"整篇报道围绕"治病不是修电器，行医需要妙手更需要人文关怀"的中心思想阐述，值得每一名医护人员借鉴学习。

3. 良好的个人素质

素质是一个人在社会生活中思想与行为的具体表现，是后天形成的一种生活习惯。也是指在人的先天生理的基础之上，经过后天的教育和社会环境的影响，由知识内化而形成的相对稳定的心理品质及其素养、修养和能力的总称。医护人员每天都要面对病患，在时刻保持严谨的工作态度的同时，应具备扎实的身体素质、豁达开朗的心理素质、敏锐的政治素质、专业的职业素质和超前的科学思维能力。

第二节 仪容仪表礼仪

案例导入

　　在一家医院儿科上班两年的护士丽丽，趁着周末休息，去美容院烫了个新潮的大波卷发。第二天，到了科室，有的同事笑着说："你今天的发色好靓啊。"有的同事委婉地说："你今天真是香气袭人。"……开始做晨间护理了，丽丽显然有点不自在，因为她怕弄乱新做的发型，夹子没固定好所有的头发，燕帽完全没戴稳；因为她怕弄坏新做的指甲，整理患者的床单时，显然不够仔细和彻底，床扫得也不到位，给人拈轻怕重、敷衍了事的感觉；后来给宝宝们做治疗时，有几个宝宝的穿刺不怎么顺利，患者家属觉得她的技术很不扎实、不专业；下午进病房做宣教时，更是有两名陪护的家长因香水过敏而不停地打喷嚏……她作为责任护士，一天的工作都没有很好地完成到位。她静下心来，独处一会儿，也知道了其中的缘由，非常自责，也感到愧疚，主动到护士长面前承认了错误。你能从中找出护士丽丽有哪些不规范行为？

妆前　　　　　　　　　　妆后

一、头发发饰

（一）女士发型

女性医护人员，头发应勤于梳理养护，每周洗头2～3次为宜，使头发保持清洁卫生，无头屑、无异味。头发要经常修剪，尤其是短发。梳理头发时要注意：不要当众梳头，不直接用手梳头，不乱扔梳掉的头发。可以

护士盘发侧面

根据自己的脸型、年纪、发质和气质，选择与自己职业和个性相符的发型，但不可太过于夸张。工作中，长发须盘成发髻，额前刘海不过眉，侧面不掩耳朵，后面不过衣领。不可将头发染成深红色或金黄色，固定头发的发夹应与头发同色，统一发网，统一扎束。

护士发型侧面　　　　　　护士发型后面

（二）男士发型

男性医护人员的发型要求简单得体、干净整洁；头发梳理整齐，无异味、无头屑，前不过眉，侧不掩耳，后不及领口；不剃光头，不留长发、梳小辫、烫发等。

男士发型

（三）头发的保养

要拥有健康美丽的头发，护发、养发是关键。在日常生活中要注意：避免头发接触强酸或强碱性物质，并防止头发长时间暴晒；多吃富含碘、蛋白质、维生素和微量元素的食物，可以多吃坚果类（如黑芝麻、核桃）；应根据自己的发质，选择合适的护发用品；洗发时，不要使用过热的水，以免头发失去光泽；也不要用指甲用力抓挠头皮，以免产生头屑。

二、面部仪容

（一）基本要求

面部是人体外貌特征最显著和最具有个人辨识度的部位，保持面部洁净、健康、自然，注意眼部清洁，在岗位上不戴墨镜、变色镜。修饰时要避开人，耳饰仅限于耳钉（不能戴夸张的耳钉，其大小不能超出耳垂，单耳不得戴多个耳钉），不戴首饰，不戴夸张的项链。男士面部要清爽宜人，剃须修面，不留胡须，不留长指甲，鼻毛不得过长。

（二）面部表情

表情是人类的无声语言，在世界上任何地方都通用。在人际交往中，表情最能直观、形象、真实地反映人们内心的思想情感。一个人表情显露出来的信息，可以直接影响他的社交活动，热情、友善、和蔼的面孔会使其社交活动得心应手、如鱼得水。医护人员天天与患者打交道，真诚的表情对患者来说尤显重要。要考虑患者来到陌生的环境，加上病痛的折磨，心理、生理都承受很大的压力。所以，要求医护人员一方面要训练自己的表情，展现友好、真诚、自然、轻松的状态，给患者留下良好、安全的印象，同时还要特别注意观察、鉴别患者的表情变化，了解患者的心理活动，及时给予心理治疗和护理。例如，在儿科病房，经常会出现这种现象，两名不同的护士为同一名患儿进行穿刺，第一名护士给这名患儿输液，扎了一针没扎到血管，准备再扎一针，她面无表情地说："怎么搞的，不行，要再来一针。"但遭到了患者家属的拒绝，要求换人。换了另一名护士给这名患儿输液，确实宝宝哭闹厉害，不配合，血管不好找，同样没有扎进去，这名护士充满愧疚，心疼地抚摸着宝宝说："宝宝乖，宝宝勇敢，阿姨很抱歉，现在我们需要看一下宝宝手或是脚，再好好找一下血管，真是对不起。"这名患儿家属却安慰她说："不紧张，我们再好好看一下，慢慢来。"问题来了，为什么同一名患儿、同一名家属，对两名护士却有截然不同的态度？分析一下：第一名护士在扎针失误后面无表情，冷脸相对，患儿及家属从她那里完全感觉不到"认错"的态度，肯定是不会再给予机会和信任感的；第二名护士在给患儿扎针失误后，一个充满愧疚的表情、抚摸的肢体动作，足够表明她知道错了，一般情况下是能够得到理解并被原谅的。这说明在实践工作中，医护人员一个简单的面部表情是可以发挥至关重要的作用的。一个笑脸、一声"不好意思"，还是一副苦瓜脸、一副无所谓的表情，看似不起眼，但带给患者的理解和信任度却是完全不一样的。

笑眼的练习

医护人员平日里可以加强练习，将自己最美的微笑留给患者：

（1）放松面部肌肉，眉毛上扬，嘴角微微上翘，舌尖抵住口腔内上颚部位，可不露齿，或露出8颗牙齿，口里可念着普通话的"一"字音，轻轻一笑，不闻其笑声。

（2）笑的关键在于善于用眼睛来笑。如果一个人的嘴角上翘，但眼睛仍是冷冰冰的，眼神呆滞，就会给人虚假的感觉。眼睛的笑容的训练方法是：取厚纸一张，遮住眼睛以下部位，对着镜子，发自内心地想着那些最让你高兴的事情，使两侧笑肌抬升收缩，嘴角两端做出微笑的口型。这时，你的双眼就会十分自然地呈现出微笑的表情。随后，你就算放松面部肌肉，眼睛恢复原形，还是会自然流露出神采奕奕的眼神。

（三）面部的保养

随着社会的发展，人们对医护行业的要求逐步提高，淡妆上岗成为一种共识。长期化妆会影响皮肤的正常呼吸与代谢，为使皮肤保持滋润、细腻、有弹性，应适当地保养和护理。每日睡前用适合皮肤肤质的卸妆液卸妆，再用清水将面部清洗干净，保持清洁，涂上适合的面霜。每周可进行1~2次皮肤护理。平时养成定时饮水的良好习惯，避免在阳光直射下暴露皮肤，选择合适的防晒用品。保证科学的饮食与充足的睡眠。医护人员由于工作性质的特殊性，往往承受着巨大的心理压力和精神压力，需要保持乐观的心态，有效应对。

（四）眼神交流

眼睛是人类面部的感觉器官之一，最能有效地传递信息和表情达意。在日常工作或社交活动中，眼神运用需要符合一定的礼仪规范。如不了解它，往往会被视为无理，给人留下不良印象。不同的眼神传达了不同的意思，例如，柔和的目光使人愉快，坚定的目光使人得到安慰和鼓励，鄙视的目光使人屈辱，责难的目光使人羞愧不已……对于医护人员来说，在多数操作时都需要戴上口罩，因此与患者交往时尤其要注意自己的眼神表达，以表现出坚定与真诚的品质。

眼神练习

1. 眼神的交流

眼神的交流在时间、角度、部位、方式和注视的变化方面有以下要求：医护人员给患者治病时，注视对方的时间因病情而定；注视对方的角度可以感受与交往对象的亲疏远近关系；注视部位是在交往中目光所及之处；医护人员对患者的注视方式以直视居多。正确的眼神交流、眼语表达可以让患者获得更多的安全感。例如，医生在诊室咨询病情做记录的过程中，需要有与患者眼神上的交流，一边写的同时还要抬起头，注视一下患者的表情，以示对他的回应与重视，不能一味地埋头，口里回应"嗯""嗯"。又如患者到某分诊台询问其他科的方向，护士连眼皮都没抬，就伸出手指了指方向，即使方向是对的，患者也会感到护士轻视自己，素质不佳，由此对该名护士没有信任感甚至对整个医院产生成见是不言而喻的。

2. 注视他人的方式

注视他人有多种方式，其中较常见的有：

（1）直视。直视对方这种方式适用于各种情况，能够将认真、尊重表现出来。直视对方双眼代表关心、爱护对方，体现出自己坦诚相待的态度。

（2）凝视。凝视是直视中一种特殊的注视方式，代表医护人员的所有心思都聚集在患者身上，代表着专注、重视。

（3）盯视。盯视是目不转睛，长时间地用凝视目光盯着某人的某一部位。医护人员在检查患者的病患处，常常用到盯视。

（4）虚视。虚视是目光不聚焦，眼神不集中，散漫。表示出一种胆怯、走神、疲乏或是失意的状态。

（5）环视。环视是一种有规律左右、上下扫视的注视方式，适用于同时与多人打交道，表示对大众的认真、重视。例如，在科内对患者及其家属进行疾病健康知识普及宣教时，即可先用环视，以表明向众人打招呼。

在与患者交往中，以直视、凝视最为常用；在给患者行治疗操作、手术时，常用盯视。医护人员注视眼神的变化是患者最敏感也最能感受到的事，医患之间通过正确的视线交流能让彼此更加信任。因此，医护人员工作中一定要注意运用正确的眼神与患者交流。

3. 目光的范围

一般情况下，与人交谈时，目光大致局限于上至对方额头、下至对方上身第二粒纽扣以上（即胸部以上）、左右以两肩为准的方框里，不要将目光聚焦于对方脸上的某个部位或身体的某个部位。特别是初次见面时、一般关系、异性之间，更应该注意这一点，不要超越这个"目视许可范围"。

医护人员注视患者的部位应以双眼为上线、唇心为下顶角所形成的倒三角区为宜，使患者产生一种恰当、有礼貌的目视感觉。注视范围过小或仅盯视眼睛，会使患者紧张、不自在；注视范围过大或扫视患者，会使患者产生不被重视的感觉。允许注视的常规部位有：

（1）胸部以上至额头为安全区，给对方以安全、稳重的感觉，但与对方谈论重要事情时，要以平视的目光注视对方的双眼。

（2）腰部以下为隐蔽区，若眼神一直在这个区打量，会给对方带来不安的感觉。

（3）身体以外为敏感区，尤其是头顶，交谈时眼睛在对方身体外不停张望，会让对方感觉你目中无人。

医护人员在与患者交谈时要注意：咨询病情时，应注视对方的眼睛，表示重视对方，但时间不宜过久，这叫关注型注视；观察病情或进行体查时，注视没有局限哪个区域，但观察隐蔽区的时间不宜太长（手术治疗除外）。

4. 注视的角度

在工作中，既要方便服务工作，又不至于让服务对象产生误解，就需要有正确的注视角度。

（1）正视对方。注视他人的时候，与之正面相向，同时还须将身体前部正面朝向对方。正视对方是交往中的一种基本礼貌，其含义表示尊重、重视对方。

（2）平视对方。注视他人的时候，目光与对方相比处于相似的高度。在服务工作中，平视服务对象可以表现出双方地位平等和彼此不卑不亢的精神面貌。

（3）仰视对方。注视他人的时候，本人所处的位置比对方低，需要抬头向上仰望对方。一般是交谈者主动居于低处，仰视对方，往往可以给对方留下信任、重视的感觉。适用于晚辈与长辈之间的交谈。

大家应该对《开学第一课》节目里，主持人董卿在采访96岁的翻译家许渊冲先生时，3分钟3次下跪的行为留有印象，被网友们称赞"跪出了最美的中华自豪"，表现出了主持人高深的涵养，以及对许老先生无比的尊敬和敬仰。

（4）俯视对方。注视他人的时候，本人所处位置比对方高，低头向下注视他人。一般用于身居高处之时，适用于长辈与晚辈之间，长辈对晚辈表示宽容、怜爱，也有在同辈之间，对他人表示轻蔑、歧视。

医护人员应尽可能与患者保持目光平行，即平视。在与患儿交流时，尽量采用蹲式、半蹲式平视；与卧床患者交流时，可采用坐位或身体尽量前倾，以降低身高，避免直接俯视。

5. **注意事项**

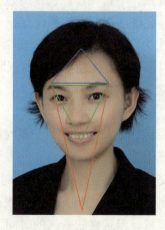

目光注视的位置

医护人员面对的是患者，目光应坦诚、亲切、和蔼、充满善意，交谈时要注视对方，眼神不要躲闪或游移不定，整个谈话过程中目光要专心、温和、充满热情，避免出现虚视、俯视；避免出现冰冷、呆滞、轻蔑、惊慌、敌视、左顾右盼等，更不要对患者上下打量、挤眉弄眼、鄙视。温柔亲切的注视能拉近双方的心理距离，充满善意的眼睛不一定是一双美丽的大眼睛，但一定可以捕捉一份真诚的爱意，赢得患者的好感，让人难忘。

恰当的眼神还应注意：与患者交谈时，不应长久地做某件事，而使得注视对方的时间过短，这会让对方没有安全感，同时觉得自己所要表达的东西没有得到足够重视和被尊重；观察病情时，目光会停留在病患身体不适的区域，但观察隐私区域的时间不宜太长（手术治疗除外），尽量只盯物品，不盯人。

三、个人卫生

（一）手部和脚部

医护人员要保持手部清洁卫生，手部皮肤要保持完好，无倒刺。指甲要经常修剪，不要涂艳色指甲油。由于职业原因需长时间接触手部消毒液的，应适时涂护手霜，注意手部保养。

手部按摩法：将护手霜均匀地涂在手背上，用手指以螺旋状在手背上循环打圈按摩，并针对手指关节进行拉伸按摩，用拇指按摩手背骨骼肌理，直至手部发热、护手霜完全被皮肤吸收。

手部美容操：闲暇时模拟空中弹钢琴或空中打字活动手指关节，或十指相对挤压做手部压伸，以加速手部血液循环。可多吃富含维生素 B、维生素 C 的蔬菜和水果，例如青椒、西兰花、莴笋、菠菜、油菜、西红柿、猕猴桃、橙子、香蕉、酸枣等。

个人脚部卫生，要注意保持干爽无异味，鞋袜要经常更换，避免在公众场所影响个人形象，也避免造成对他人的不尊重。

（二）保持口腔无异味

口腔要随时保持清洁无异味，坚持每天早晚刷牙，三餐后漱口。切忌吸烟、嚼槟榔、喝浓茶，以及吃刺激性强、气味大的食物。如果有口臭，应查明原因，及时治疗。与人交往时，应保持一定的有效距离，切忌唾沫横飞，应注意遮掩，必要时喷口气清新剂，以保持口腔清新。

（三）去除身体异味

医护人员要保持身体清洁无体味。如果身体有异味，会引起服务对象的不舒适感及不信任感。身体异味是指人体非正常的气味，包括汗臭味、狐臭味及刺鼻的香水味。为去除异味，应勤洗澡，勤换衣物，工作区的衣物要洁污分开；科学应对个人狐臭，用药及时治疗，而不要用刺鼻的香水掩盖或加重身体的异味感。

四、职业妆容

医护人员职业妆是一种端庄自然、清雅素美、积极健康的职业妆，以清新淡雅为特点。妆容看上去既不会有过度上妆的痕迹，又有掩饰不良肤色、提高整体美感的效果。淡妆上岗，不仅维护了医护人员专业的职业形象，提升了亲和力，同时也展示了护理人员尊重患者、爱岗敬业的职业风范。由于医护职业的特殊性，一般情况下很少有规律的作息时间，那么就需要学会灵活地应用护肤小技巧，保养肌肤，展现清新妆容。

（一）保养小步骤

1. 清洁

（1）卸妆。卸妆是护肤最重要的步骤之一。现实生活中许多人认为没有使用化妆品就不用卸妆了，这是不对的。因为我们每天面对空气中的粉尘、紫外线、汽车尾气，肌肤上形成了油性污垢，加上人的皮肤本来就会分泌油脂，所以需要使用卸妆品才可以有效地清洁肌肤。

（2）洁肤。用双手食指、中指、无名指蘸取适合自己肤质的洗面奶，由内向外打圈按摩，流动水下洗净面部。

洁面

2. 爽肤

用化妆棉蘸取足量适合自己肤质的爽肤水、保湿水或柔肤水擦拭肌肤，使肌肤均匀保湿。

3. 精华素的使用

（1）眼部。为了让医护人员更好地保护自己的眼睛，这里介绍一套眼保健操。

手法：用无名指轻轻按压。

步骤：由内向外原则。

（两两按下六六顺）下内眼睑按两下，眼球下按两下，眼尾按两下，眉头按两下，眉峰按两下，眉尾按两下。

眼部保养

双向提拉，左右手两边交替。

搓热双手掌，用手心热敷住眼球，闭目放松，舒缓智慧的双眼。

（2）脸部。抹上脸部精华素，做精致的脸操。

手法：食指弯扣按压。

步骤：由下向上原则。

（划小圈）下巴—耳下，嘴角—耳中，鼻翼—耳尖，眉中—太阳穴。

（剪刀手）搓双耳，提耳尖，捏耳垂。

搓热双手掌，用手心热敷住脸颊，调整呼吸，还你精致的脸庞。

4. 乳液

全面滋养营养。

（二）化妆步骤

1. 化妆刷

化妆刷为化妆的主要用具。最好选择质地柔软不易脱毛的刷子。不同型号的刷子可以多准备几把，同时应注意保持刷子的清洁卫生。化妆刷包括粉刷、胭脂刷、眼影刷、眼线刷、眉刷、唇刷、海绵刷等。

（1）粉刷：以头部稍圆、毛质柔软者为佳，此刷为面扑的代用品。使用粉刷可以使粉均匀、自然贴于脸上。

（2）胭脂刷：此类刷子末端圆形呈小拖把状，毛质富有弹性。使用此刷可将腮红均匀地施于面部两颊处。

（3）眼影刷：专门施眼影所用的极细小刷子，可以涂抹各类眼影。为了突出眼部妆容的立体感觉，最好购买三把眼影刷：一把海绵头状涂抹刷子，这类刷子前端有柔软的海绵头，可用来上底色、施粉状眼影；一把毛质较硬、末端呈圆形的眼影刷，用来在眼皮上涂亮色眼影；一把柔软而扁平的色彩调和刷，用来把整个眼部的色彩扫均匀。

（4）眼线刷：毛较短，又称为软性眼线笔。质量好的眼线刷细而尖，不太柔软，笔尖有一定的韧性。

（5）眉刷：选购时应选用两用眉刷，即刷子两端分别为眉梳和眉刷，既可以整理眉毛，同时又可以梳理眉毛。

（6）唇刷：口红定形上色最为理想的工具。要选择毛质较硬而细密的唇刷，这样有助于勾画唇线和均匀地涂抹唇膏，从而使唇形达到理想状态。

2. 化妆笔

（1）眉笔：有黑色、棕色、灰色、咖啡色等不同色系的眉笔，一般选择与自己自然发色接近的颜色。

（2）眼线笔：铅笔型眼线笔是由颜料、蜡料、油脂等原料混合加工而成的。由于其油质多，故不易脱色。用时将笔尖削尖，能描出细线；将笔尖削圆，可描出柔和的线条。将画好的线条匀开，也可做最深一层的眼影。用完后要套上笔套，这样可保证笔的卫生和耐久性。目前市面上还有眼线膏，它描绘出来的眼线，质感效果强，妆容更精致，效果更持久长效，也很受青睐。

（3）唇线笔：在涂抹唇膏前应用唇线笔勾勒出适宜的唇形。由于其含有蜡的成分，故可以防止口红渗出唇线以外，还可以起到修整不标准唇形的作用。

3. 化妆夹

（1）睫毛夹：睫毛夹要在涂睫毛膏之前使用。可以卷曲、拉长睫毛，使睫毛弯曲卷长，自然上翘，增添眼睛的明亮度，使眼睛有神采。

（2）眉毛夹：类似于镊子、剪刀形状的夹子。可以拔除、夹掉多余的眉毛，而修整成满意的眉形。

医护妆容应以清新淡雅为主，简易的化妆步骤为：洁面、护肤（保湿、眼霜、精华、面霜）、粉底（BB霜、CC霜、气垫粉底）、定妆（散粉）、画眉、画眼影、画眼线、涂睫毛膏、扫腮红、涂唇膏。

（三）妆容具体步骤分解

1. 面部底妆
底妆有保护、控油、滋润等作用。

2. 粉底
粉底的颜色要贴近自己的肤色，不可太白或太黑，尽量做到薄而透，使肤色呈现自然状态。

护肤

定妆

3. 定妆
使用散粉刷或粉扑吸油，使妆面更加牢固。

4. 眉毛
画眉时先找出眉头、眉峰和眉尾的位置，画眉要两头淡、中间深、上下虚，使眉毛更有立体感。眉毛的颜色应与头发颜色接近，或是比头发颜色稍浅。

画眉

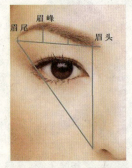

眉尾　眉峰　　　　眉头

眉头、眉峰和眉尾的位置

5. 眼影

画眼影可用水平晕染法：将眼影沿着睫毛根部涂抹并向上晕染，越向上越淡，直至消失。

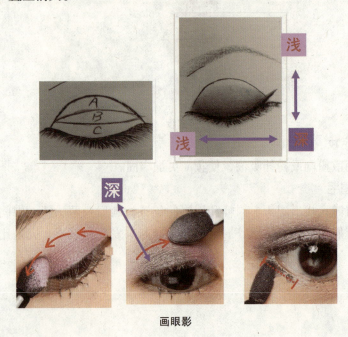

画眼影

6. 眼线

画上眼线时，眼睛尽量向下看，下巴微微向上抬；画下眼线时，眼睛向上看，从外眼角向内眼角描画，不要有留白处。

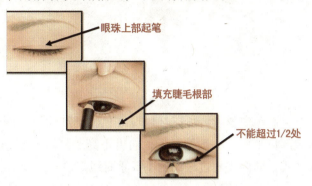

7. 睫毛

先用睫毛夹使睫毛卷翘，再分别刷上、下睫毛。刷上睫毛时，眼睛向下看，刷睫毛的根部；刷下睫毛时，眼睛向上看，用睫毛刷的尖部做纵向涂染。

画眼线

涂睫毛膏

8. 腮红

腮红能扮亮整体肤色并能修饰脸型。腮红颜色选择：肤色偏黄者，尽

刷腮红

量选择偏橙色；肤色白皙者，可以选玫瑰红色。腮红应涂在颧骨（即人笑时面颊隆起的部位）上。一般情况下，向上不高于外眼角水平线，向下不低于嘴角水平线，向内不超过眼睛的1/2垂直线。

9. 口红

口红颜色应呈现自然、轻松、红润的感觉，不宜浓艳。口红颜色选择：白皙肤色，适合嫩粉色较明亮的唇彩；红润肤色，适合上色效果较好、色泽鲜明的唇彩；偏黄肤色，适合暖色调的橙色唇彩。

涂口红

10. 定妆

用散粉刷轻拭，吸收多余的油脂，使皮肤细腻；改善腮红、眼影选色不当造成的色彩不平衡；修补整个脸部妆容有明显界限或过浓色彩的现象，使整体妆容妆面柔和。

需要指出的是，医护职业妆应与衣着、发型、年龄、身份、气质等相宜，男士妆容以整体清爽为宜。另外，还应该了解化妆禁忌：在公共场所内当众化妆，当他人的面化妆；不重维护，残妆示人；妆面离奇，风格怪异；胡乱涂抹，技法错误；使用过期的产品等。良好的职业妆可以让医护人员看上去精神饱满，充满正能量，能激发患者对美好生活的渴望之情，塑造医护人员美好的职业形象。

五、着装礼仪

着装礼仪是指规范服装穿着的礼仪。它是一门技巧，更是一门艺术，它不是单纯地穿衣戴帽，而是从整体搭配、细微点缀之处，来体现出人们的涵养与品位。

（一）着装的基本原则

每一个人，都应该根据自己的性格、年龄、兴趣爱好、体形等选择适合的服饰，懂得扬长避短，学会利用服装来展现自己的优点，体现出个人的修养与品位。因此，每一个人都需要学习、掌握一定的色彩学及艺术文学修养，提高自己的鉴赏能力，并注意学习和掌握着装的基本要求，打开眼界，汲取对自己有益的穿着方式，研究不同风格的服装搭配，最终形成属于自己的独特品位。着装的基本要求如下。

1. TPO 原则

当今世界上通行着一个着装协调的国际标准，简称 TPO 原则。所谓 TPO，是英文 Time，Place，Object 三个单词的缩写字母。T 指的是时间，泛指时令、季节、时代等；P 代表地点、场合、环境、职位；O 代表目的、目标、对象。TPO 原则是指人们的穿着打扮，要力求和谐，以和谐适时适宜为美，要兼顾时间、地点、目的三个要素，只有遵循了这个原则，才是合乎礼仪的，才能给他人留下良好的印象。

（1）Time 原则。

符合时间的差异：注意白天和晚上不同的穿着。白天穿的衣服需要面对他人时，应当是合身、得体、严谨的风格；晚上穿的衣服如果不为外人所见，可选择宽大、舒适、随意的风格。在西方，就有男士午前或白天不能穿小礼服，夜晚不能穿晨礼服，女士在日落前不应穿过于裸露的服装的习俗。

符合季节的时令：注意应与季节交替相适应，不要冬衣夏穿或是夏衣冬穿。想象一下，如果谁大热天穿一件貂毛大衣，估计再怎么好看，旁人也一定是质疑和否定的目光。夏天的服饰应以透气、吸汗、清爽、简洁为原则；冬天的服饰应以保暖、防寒、大方为原则，要避免因想要风度而穿着过于单薄，冻得面色发青、嘴唇发绀、身体哆嗦，影响自身的形象。

符合时代特色：注意把握顺应时代的潮流和节奏，既不太超前，也不能滞后。过分超前或过分落伍，都可能会让人另眼相看，从而拉大与大众之间的心理距离。

（2）Place 原则。

与地点相适应：不同的国家、地区，因所在地理位置、经济条件、文化背景、风俗习惯及开放程度不同，着装也不同，特别是少数民族服饰，独具地方特色。如中西方国家、经济发达和相对落后地区的民众着装风格和习俗就各不相同。在一些西方国家，一名少女只要愿意，可以随意穿着吊带背心、超短裙，但如果是在着装保守的阿拉伯国家，少女这样穿着出现，就会显得非常失礼，感觉很不尊重当地人。

与场合相适应：这里主要是指上班、社交、休闲三大场合。上班着装要整洁、大方、端庄；社交着装就要相对时髦、高雅、有潮流感；而休闲着装则以轻便、舒适、得体为宜。另外，参加庆典时要时尚庄重；喜庆场合要华丽；悲伤场合要素雅，以黑色为主。

与环境相适应：在不同的环境，如国内与国外、城市与农村、单位与家里、室内与室外等，其着装理所当然是有所不同的。如在海滨城市的沙滩边，下水游玩，就尽量穿泳装，而不是太正式的正装或礼服；在办公室等严肃的环境，就需要着装规范、整洁，而不是穿着过透、过露或过紧的衣服；游山玩水时，则以轻便休闲装为宜，力求大方、舒适，如果这时西装革履，就显得极不协调了。

与职位相适应：护士的燕帽上蓝色横杠代表职务高低：护理部主任（副主任）帽上是三条蓝杠，总护士长（大外科、大内科护士长）帽上是两条蓝杠，科护士长帽上是一条蓝杠。

（3）Object 原则。

指着装要适应自己扮演的社会角色。一个人的着装往往体现了自身一定的意愿，是有一定的预期性的。一个人身着款式端庄的服饰前去应聘、洽谈生意，说明他非常重视也渴望成功，而在这类场合，如果随随便便、不修边幅地着装，则会显示出他对这件事情根本不重视，或是自视傲慢，根本不把交谈的成功与否当回事。例如，国家重要领导人在出国访问或登台演讲时，一律都会着正装出席。

2. 饰品使用规则

饰品指能起到装饰点缀作用的饰物，包括各种首饰和配饰。由于装饰作用很强，饰品越来越受到人们尤其是女性的青睐。饰品已经成为人们在社交场合的"常备品"。如果想让这些备受青睐的饰物起到画龙点睛的作用，就必须知道它的使用规则，不然很容易弄巧成拙，有画蛇添足之嫌。简单概括起来，使用的规则就是以少为佳，力求同色，争取同质，符合身份，扬长避短，搭配协调，遵守习俗。

（1）数量规则。珍贵的饰物虽然夺目，但若佩戴过多，反而让人觉得"喧宾夺主"。所以，在选择饰品的时候，以少为佳，数量为 2~6 个点。例如，颈部戴了项链，耳部戴了耳环，手腕戴了手表，手指上戴了戒指，已经有 5 个点了，就不宜再佩戴靓丽的发夹和胸针，否则会把人们的目光锁定到饰品上，而忽略服饰和人的整体形象。

（2）色彩规则。佩戴饰物时，色彩上要力求同色，不要五彩缤纷，让人看着眼花缭乱。千万不要成为远看像棵"圣诞树"，近看是个"杂货铺"。

（3）质地规则。同时佩戴多种饰物的时候，所佩戴的饰物应质地相同、协调一致。例如，颈部佩戴珍珠项链，那么耳环、戒指就选择珍珠系列的，不要佩戴黄金耳环又戴一个玛瑙戒指，这是拙劣的佩戴方法。另外，一般情况下，正式场合佩戴高档珠宝首饰，非正式场合可以佩戴一些随意的、显得活泼的首饰。

（4）身份规则。所选用的饰品一定要符合自己的身份。仅凭个人爱好是不可取的，一定要看自己所从事的职业，自己的年龄、性别、工作环境等是不是和所佩戴的饰物相协调。例如医护人员，由于特殊的工作性质，接触特定的人群，一般建议上班期间不要佩戴戒指。

（5）体形规则。不是每一样饰品戴到每个人身上都是好看的，不要一味地效仿别人，在选择饰品的时候，看一下自己的体形适合什么样的款式，以达到扬长避短的目的。例如，圆脸的人适合戴长吊坠耳环，可以使脸型显得长一些，而不适合戴大大的圆圈圈耳环，这更易显脸圆脸大。

（6）季节规则。春夏秋冬一年四季气温在不断地变化，佩戴饰品的时候，要注意与季节相吻合。在色系、质地方面要有所选择，例如，金色、深色饰品适合冷季佩戴，银色、艳色饰品适合暖季佩戴，棉质、麻质围巾适合冷季佩戴，丝质、绸缎小方巾就比较适合暖季佩戴。

（7）搭配规则。佩戴的饰品一定要与服装相协调，把饰物视为服装整体中的一个部分。佩戴饰品的同时要兼顾服装的质地、色彩、款式。例如，身穿套裙正装时，手上戴个玉镯子或是盘串菩提珠子，就会极不协调。

（8）习俗规则。佩戴饰品时要遵守习俗，不同的地区、不同的民族，佩戴习惯不一样，要做到入乡随俗。所以去一个地方游玩前，有必要先了解一下当地的风俗习惯，尊重民族的风俗，能够很好地体现个人的修为。

3. 医护人员工作中的饰物佩戴

（1）与工作有关的饰物佩戴。

① 秒表。表是医护人员每天工作中常用的工具，用于生命体征的测量、药物的使用过程中输液滴数的计算等。因此，表是医护人员工作中不可缺少的饰物。医护人员每天工作中需要反反复复洗手，以防止交叉感染。经常洗手就会不可避免地让水溅到手腕上，溅湿手表而影响表的寿命，所以医护人员一般是工作服的左胸前口袋上佩戴有挂表，表上配有短链，用胸针别好，或用胸卡别好，这类表盘是倒置的，医护人员低头或用手托起表体即可查看、计时，这样既方便工作又卫生。

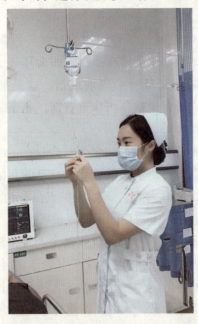

计算输液滴数

② 发卡。发卡是用来固定护士帽的非装饰性饰物。一般情况下，护士的燕帽需要用发卡来固定，发卡应是白色、浅色或与帽同色，左右对称别在燕帽的后面，一般不外露。一般情况下，护理人员在工作期间头部不宜佩戴多个或很醒目的饰物。

③ 胸卡。胸卡是验证医护人员工作身份的一种证件。医护人员上岗一定要佩戴胸卡，并要注意保持其清洁、完整。歪歪扭扭、粘贴胶布的胸卡会使人觉得工作人员本身就是一个不修边幅的人。就会让患者联想到：一个连自己的东西都照料不好的人，怎么能让人相信可以很好地照料身边的病患。因此，要随时注意保护好胸卡的完好性，最好可以备用一张，以备突然旧损、丢失时可以及时补充使用。

（2）与工作无关饰物的佩戴。医护人员的职业服装就是要时刻表达医护人员的纯洁、朴素、善良的职业情操，饰物对于身着医生护士装的医护人员来说，无疑会显得过于累赘、奢侈。医护人员的职业仪容仪表美不应该通过饰物来体现，所以尽量不要佩戴与工作无关的饰物。如果要佩戴，耳环的选择应避免过大、过于醒目，以耳钉为好。佩戴项链时，尽量不要使项链外露于工作服外。手指不宜涂指甲油，不要戴戒指，以免影响工作中的正常治疗操作。

（二）医护着装具体要求

医护着装礼仪是仪表礼仪的重要体现。总的要求是：穿工装服，戴工作牌，清洁整齐，简洁端庄，不戴饰品。

1. 帽子

（1）燕帽。短发者，要求前不遮眉、后不搭肩、侧不掩耳；长发者，要求梳理整齐后盘于脑后，发网素雅简洁。燕帽应平整无褶皱，并能挺立，清洁无污渍，戴正戴稳，距前额发际3~5厘米，用白色发夹固定于帽后。

燕帽侧面　　　　　　　　　　燕帽后面

（2）圆帽。圆帽以素色为主，也可有淡雅素净的碎花。戴圆帽时，应大小松紧适宜，帽檐前不遮眉，后不露发际，将头发全部遮住，帽缝儿在后，边缘平整。

圆帽侧面　　　　　　　　　　圆帽后面

错误的戴燕帽方式 1　　　　　错误的戴燕帽方式 2

2. 口罩

正确的戴口罩方法

　　医护人员在进行无菌操作和防护传染时必须佩戴口罩。戴口罩时，一定要完全遮住口鼻部分，上至鼻翼上 2 厘米，下至下颌前沿，四周无空隙，吸气时以口罩内形成负压为适宜松紧，才能达到有效防护作用。总之，口罩佩戴的位置高低松紧要适宜，否则不仅影响医护人员形象，而且起不到戴口罩的防护作用。口罩摘下后，不可搭于下巴下或挂于胸前，不得将系带外露。取下后要将贴靠口鼻的内侧一面向里折好，整齐叠放于清洁口袋内，以备下次再用。棉质口罩需要每天清洗更换。一般情况下，与人对话时要摘下口罩，不然会让对方觉得你不够礼貌。

3. 工作服

分体式工作服

　　医护人员的工作服以白色为主，也可根据工作或科室特点选用不同颜色，例如，急诊科、手术室、重症病房，常选绿色；儿科、妇产科、体检中心，常选粉色。工作服有连体长褂式和分体短褂式等不同式样。整体要求是：清洁完好，无皱褶；大小适中，不拖沓；工作服内穿浅色打底衫，内衣衣领、袖边、裙边不得超出工作服外；衣扣要全部扣好（缺扣不得用胶布粘贴袖边），不得将工作服长袖挽起；工作服兜内用物不宜填塞过多；不宜使用强烈香味的香水；男士着浅色衬衣，长裤的颜色和鞋子的颜色统一，深浅均可。注意保持着装的整体协调性，维护医护职业的良好形象。

4. 工作牌

工作牌是体现医护人员职业和职务的标志。牌面上内容简洁，看上去一目了然，便于患者咨询联络，也便于接受患者的监督。认真佩戴工作牌是对自己言行的一种约束，医护人员应该秉承高度责任心和慎独精神戴好工作牌。要求保持工作牌表面干净、完好，避免药液、水迹沾染，避免吊坠或粘贴其他物件。

5. 工作鞋

医护人员的鞋袜应以白色为主，男士穿皮鞋要求鞋袜同色，女士以平跟或小坡跟防滑鞋为宜。穿着平底鞋，可以较好地缓解医护人员每日不停行走引起的脚步疲劳。要求整体干净无异味。站立时，袜口不能露在裙摆或裤脚外面。

6. 手术服

手术服分为手术洗手衣、裤和手术外衣两部分，都是无菌的，只适用于手术室内。手术外衣有一次性和非一次性之分。一次性手术外衣多在有特殊感染患者及应急情况下使用，常在使用后按一次性医用垃圾焚烧处理。非一次性手术外衣，可在高温消毒后反复使用。穿手术服时，配用的手术筒帽和口罩也有一次性和非一次性两种。其性能特点及术后处理原则同手术衣。戴手术筒帽时，帽子内头发要塞严，必要时用发网或发夹固

手术洗手服

手术外出服

定；要求前不遮眉，后不露发际。帽缝儿要在后面，边缘要平整。佩戴口罩时应四周严密，以吸气时产生负压为适宜。

7. 隔离服

隔离服的款式为中长大衣后开背系带式，常在护理具有传染性特征患者时使用。目的是保护工作人员和患者，防止病原微生物播散，避免交叉感染。隔离服的袖口为松紧式或系带式。穿、脱隔离服有着严格的操作流程和要求。穿隔离服时，必须配用筒帽，头发的要求与戴口罩的标准同穿手术服一致。

穿隔离衣的步骤：

（1）穿隔离衣前要戴好帽子、口罩，取下手表，卷袖过肘，洗手。

（2）手持衣领从衣钩上取下隔离衣，将清洁面朝向自己，将衣服向外折，露出肩袖内口。一手持衣领，另一手伸入袖内并向上抖，注意勿触及面部。一手将衣领向上拉，使手露出来。依此法穿好另一只袖。两手持衣领顺边缘由前向后扣好领扣，然后扣好袖口或系上袖带。

从腰部向下约 5 厘米处，自一侧衣缝儿将隔离衣后身向前拉，见到衣边捏住。依此法将另一边捏住，两手在背后将两侧衣边对齐，向一侧按压折叠，以一手按住，另一手将腰带拉至背后压住折叠处，在背后交叉，回到前面打一活结，系好腰带。

（3）如隔离衣衣袖过长，可将肩部纽扣扣上。穿好隔离衣，即可进行工作。

脱隔离衣的步骤：

（1）解开腰带，在前面打一活结；解开袖带，在肘部将部分袖子塞入工作服内，暴露前臂。

（2）消毒双手，从前臂至指尖顺序刷洗 2 分钟，清水冲洗，擦干；解开衣领；一手伸入另一侧袖口内，拉下衣袖过手（用清洁手拉袖口内的清洁面），用遮盖着的手在外面拉下另一衣袖；解开腰带，两手在袖内使袖子对齐，双臂逐渐退出。双手持领，将隔离衣两边对齐（如挂在半污染区的隔离衣，清洁面向外；如挂在污染区的隔离衣，污染面向外），挂在钩上。

注意事项：

（1）隔离衣长短要合适，如有破洞应补好。穿隔离衣前，准备好工作中一切需用物品，避免穿着隔离衣到清洁区取物。

（2）穿隔离衣时，避免接触清洁物，系领子时，勿使衣袖触及面部、衣领及工作帽。穿着隔离衣，须将内面工作服完全遮盖。隔离衣内面及衣领为清洁区，穿脱时，要注意避免污染。

（3）穿隔离衣后，只限在规定区域内活动，不得进入清洁区。

（4）挂隔离衣时，不使衣袖露出或衣边污染面盖过清洁面。

（5）隔离衣应每天更换，如有潮湿或被污染，应立即更换。

穿脱隔离衣

一、穿隔离衣前的准备

1. 个人准备

戴好口罩、帽子，取下手表，卷袖过肘

2. 物品准备

隔离衣、衣架、夹子、手消毒设备

并准备好操作中所需要的所有物品(避免频繁地进出污染区)

二、穿隔离衣

1. 手提衣领穿左手

注意：隔离衣衣领和内面为清洁部位，此时手为清洁状态不可触及污染部位。

2. 再穿右手提上抖

注意：衣袖勿触及面部。

3. 系好领子扎袖口

注意：扎好袖口后，手即为污染状态，不可触及清洁区。

4. 折襟系腰半屈肘

注意：勿使折叠处松散露出里面工作服。

三、脱隔离衣

1. 松开腰带解袖口

注意：松开腰带后在身前松松打一活结，避免手消毒后在袖内打不开。

2. 塞好袖子消毒手

注意：手消毒后为清洁状态，避免污染。

3. 解开领子脱衣袖

注意：勿使衣袖触及衣领、帽子、面部等清洁部位。

4. 对好衣边挂衣钩

注意：挂在半污染区，清洁面应向外；挂在污染区，则清洁面向内，不再穿的隔离衣，清洁面向外置于污衣袋中。

四、操作说明

● 隔离衣长短须合适，应将工作服全部遮盖，有破损时不可使用。

● 穿隔离衣后不可进入清洁区。

● 隔离衣每天更换，如有潮湿或污染，立即更换。

● 若为保护性隔离，隔离衣外面为清洁面。

穿脱隔离衣

8. 防护服

防护服为衣帽连体式，不透空气，可防止并阻止任何病毒通过，主要用于护理经空气传播及接触性传染的特殊传染病（如 SARS）。在二级防护时，须佩戴特制的医用防护口罩、防护眼镜、鞋套、手套等。连体帽内应先佩戴一次性筒帽。如为三级防护，则在二级防护的基础上加戴全面型呼吸防护器、护视屏。头发的要求和戴口罩的标准同穿手术服一致。防护服及配套护用品的穿脱有着严格的流程和要求。

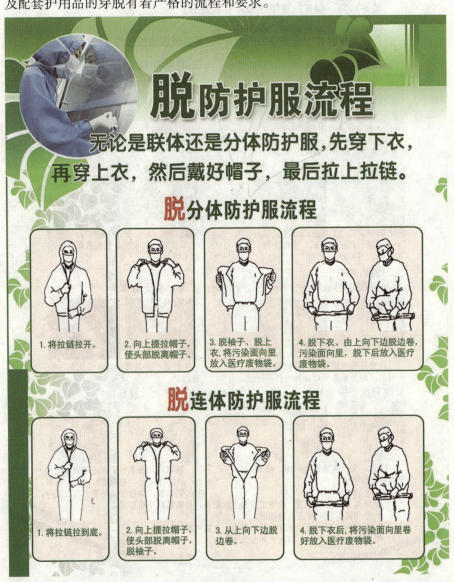

脱防护服流程

无论是联体还是分体防护服，先穿下衣，再穿上衣，然后戴好帽子，最后拉上拉链。

脱分体防护服流程

1. 将拉链拉开。

2. 向上提拉帽子，使头部脱离帽子。

3. 脱袖子、脱上衣，将污染面向里放入医疗废物袋。

4. 脱下衣、由上向下边脱边卷，污染面向里，脱下后放入医疗废物袋。

脱连体防护服流程

1. 将拉链拉到底。

2. 向上提拉帽子，使头部脱离帽子，脱袖子。

3. 从上向下边脱边卷。

4. 脱下衣后，将污染面向里卷好放入医疗废物袋。

脱防护服流程

（三）着装的注意事项

大量的心理研究结果表明，"以貌取人"是指在与人接触的第一时间，仪表形象能直接强烈地刺激人的视觉器官。医护人员既要树立良好的医风，也应塑造端庄、精神的"衣风"。它不仅能增加医务人员的仪表美，而且能反映医务工作者的内在气质、文化素养和精神风貌，是医院精神文明建设的一个重要组成部分。

医护人员在仪表方面应注意以下几点：

（1）仪表大方，衣着得体，语言文明，态度和蔼，关心体贴患者，行为应符合职业身份。

（2）医务人员在岗期间，必须按规定统一着岗位服装。衣帽整洁，衣扣齐全，不敞衣露内衣。女士的裙衣不超过白大衣，不穿艳色裤袜；男士夏季不穿短裤。

医疗工作时间不穿拖鞋（手术室及特殊检查科室除外）、高跟鞋、响跟鞋。护士统一穿工作鞋，戴护士帽。

（3）离开工作岗位后，不穿岗位服装去食堂就餐、外出办事、逛商店等。

（4）行政、后勤人员着装要体现职业特点，样式大方，不要太特殊、太随便。

（5）全院上岗工作人员穿岗位服装要佩戴胸卡，注明姓名、职务、职称及所在科室。胸卡应戴在左上胸，不能翻戴或插在衣兜里。

归纳以上内容，医护人员的仪容主要包括三个方面：一是仪容自然美。指仪容先天条件好，天生丽质。尽管以貌取人有点不合情理，但爱美之心人皆有之，美好的仪容相貌很自然会给人赏心悦目、心情愉快的感觉，给人留下良好的"首因效应"*。二是仪容修饰美。指依照规范与个人条件，对仪容进行必要的修饰，塑造出美好的个人形象。三是仪容内在美。指通过努力学习，不断提高自身的文化、艺术修养和思想道德水准，逐渐培养高雅的气质、美好的心灵，使自己秀外慧中、表里如一。真正意

---

* 首因效应：也叫第一印象效应，是人的感觉器官和思维器官对对方的最初印象及由此而形成的评价和看法。如人与人初次见面时的着装、礼节、表情、语言等，都能给对方形成第一印象。第一印象一旦形成是很难改变的，在某种程度上它往往有不可逆性。虽然人们常说不能以貌取人，但一个人给对方留下的最初的直观印象，却常常是带有结论性的最后印象。因为从第一印象中可间接反映出一个人的生活能力和生活态度，可以由此推测和猜测出一个人的工作态度是积极还是消极、工作作风是快捷还是缓慢、工作能力是大还是小、工作效率是高还是低。因此，有不少人认为第一印象就是首因效应，在人际交往中起着很关键的作用，尤其是最初见面的前3分钟，更精确地讲，3分钟中的前6秒至关重要。

义上的仪容美，应当是三个方面的高度统一，忽略其中任何一个方面，都会使仪容美失之偏颇。三者之间，仪容的自然美是人们的心愿，仪容的修饰美是仪容礼仪关注的重点，而仪容的内在美则是仪容美的最高境界。修饰仪容的基本原则是美观、自然、整洁、得体。

📋 延伸阅读

[1] 高焕云.焕云专业医务礼仪[M].济南:山东人民出版社,2012.
[2] 点亮生命之光:护士的故事[M].北京:人民卫生出版社,2012.
[3] 张薇薇.医护礼仪.[M].2版.北京:科学出版社,2013.
[4] 袁涤非.女性现代礼仪[M].长沙:湖南大学出版社,2016.

第三节　仪态礼仪

仪态，又称为体态，是指人的身体姿态和风度。姿态是身体表现出来的样子，风度是内在气质的外在表现。仪态和仪容仪表一样，能客观地传达出个人信息，从一个人的动作、身体姿态、手势常常能判断出他的性格、能力、学识、修养等。"站有站相，坐有坐相。"古人很早就对人的行为举止提出了要求。达·芬奇也说："从仪态了解人的内心世界，把握人的本来面目，往往具有相当的准确性与可靠性。"如果说人类的语言可以分为有声语言和无声语言，那么仪态便是无声语言，它往往比有声语言更具魅力，一个人的气场更多地取决于无声语言。可见，温文尔雅、大方从容、彬彬有礼的人更容易受到欢迎。所以，一定要用美好的仪态为自己赢得好感和机会。

医护人员的职业仪态是日常工作中直接的外在形象和内在修为的体现。服务患者，第一步就是要做到"敬重生命，尊重患者"，在促进患者躯体康复的同时注重心理的共同康复。养成良好的仪态自律性，随时做到有真诚的微笑、规范的举止，便可传递给患者安全感，大大提升患者对医护人员的信任度和满意度。医护人员仪态礼仪总的原则：举止端庄稳重、自然优美、彬彬有礼、规范得体。仪态要求做到站有站姿、坐有坐姿、行走有样、落落大方、精神饱满。主要包括形体、站姿、走姿、坐姿、蹲姿、持物举止礼仪等。

职业仪表美

📝 案例导入

　　符先生凌晨2点突发急腹症，妻子李女士陪同其到就近的医院看急诊。到了医院，急诊大厅一片寂静，诊室无人，估计值班医生是去休息了。敲了几下诊室对面医生值班室的门，里面人应道："怎么了？什么事？""大夫，请你看病。""嗯，是哪里不舒服？"……李女士看着丈夫腹痛难忍的样子心疼不已，心想：这医生是要"隔门问诊"吗？符先生脸色越来越难看。这时，值班医生边穿工作服，边缓缓推开房门，睡眼惺忪地扣着那不太整洁的工作服的扣子，徐徐走到对面诊室里坐下。"是哪里不舒服啊？""肚子疼。""肚子哪儿疼？""凌晨2点，突发无明显诱因的左下腹、肚脐上疼痛。现怕冷。既往不抽烟、不喝酒，有高血脂、结石、痛风史，近期无暴饮暴食现象。""嗯？"听着这些比较清晰的表述，此刻值班医生估计才有了几分清醒，但依旧是一副毫无精神的状态。"有没有呕吐？大小便怎么样？"符先生已经无力回答，脸色越发难看。一旁的李女士应答后，焦急地请医生进行体查，询问需要做什么相应的检查。医生一手压着患者的腹部，一边念叨："你这也不是痛得很厉害，是不是胃部不适啦？"符先生终于按捺不住内心的焦躁与无奈，拉着李女士离开了这家医院。"我必须离开。哪怕现在再痛，我也得忍着去别家医院找医生。我不能把自己的性命交到一个如此不堪的人手里。太不专业了！这哪里是医生哦？"

　　由此例可见，一个可能时刻面对、把握着患者命脉的医者，最起码的准则就是，要在第一时间给患者一个良好的印象，要通过规范的行医仪态来体现你的专业，以熟练技能给患者真正的安全感。

一、形体礼仪

形体，顾名思义，是指人的身体或体态，它是人在先天遗传及后天锻炼的基础上表现出来的身体形态上的相对稳定的特征。形体美非常重要，它能改善外在形象，调整不良肢体形态，提升人的整体形象。

形体美的标准是：健壮有力，体形匀称，线条分明，精神饱满。具体来说，女性形体强调的是线条和优美的身形，男性形体更注重肌肉、力量和阳刚之气。

心理学家奥伯特·麦拉比安的著名沟通黄金定律是"55387法则"：55%外表+38%肢体语言及语气+7%谈话内容。由此可见，人们极易忽略的形体，却是人际交往中最重要的部分。我们常说"神形兼备"，神和形是融为一体的，形是神的承载，而神是形的灵魂。有句流行的话说得好："人们总是根据书的封面来判断书的内容，决定买不买这本书。"对于人来说，也是如此。著名的"55387法则"认为，留给他人的第一印象中，有55%取决于人的外表，其中人的形体占据很重要的地位。

（一）形体美的标准

什么样的形体才符合人们审美标准呢？男性和女性有不同的标准。

1. 男性形体美的衡量标准

标准体重计算公式为：[身高（厘米）-100]×0.9（千克）。

向两侧平伸两臂，两手中指指尖的距离应等于身高。

肩宽：应等于身高的1/4。

胸围：应等于身高的1/2加5厘米左右。

腰围：应比胸围小15厘米左右。

臀围：应等于身高的1/2。

大腿围：应比腰围小23厘米左右。

小腿围：应比大腿围小18厘米左右。

足颈围：应比小腿围小12厘米左右。

手腕围：应比足颈围小5厘米左右。

上臂围：应等于大腿围的1/2。

颈围：应等于小腿围。

2. 女性形体美的衡量标准

标准体重计算公式为：[身高（厘米）-100]×0.85（千克）。

上下身比例：以肚脐为界，上下身比例应为5∶8，符合"黄金分割"定律。

胸围：由腋下沿胸的上方最为丰满处测量，胸围应为身高的 1/2。

腰围：腰最细的部位，其标准围度比胸围小 20 厘米左右。

臀围：在体前耻骨平行于臀部的最大部位测量，臀围应比胸围大 4 厘米左右。

大腿围：在大腿最上部位、臀折线下测量，大腿围应比腰围小 10 厘米左右。

小腿围：在小腿最丰满处测量，小腿围应比大腿围小 20 厘米左右。

足颈围：在足颈的最细部位测量，足颈围应小于小腿围 10 厘米左右。

手腕围：在手腕的最细部位测量，手腕围应比足颈围小 5 厘米左右。

颈围：在颈的中部最细处测量，应等于小腿围。

肩宽：即两肩峰之间的距离，应等于胸围的 1/2 减去 4 厘米左右。

（二）塑造形体的方法

形体美是一种天然健康的美。健康是美的首要条件，美是建立在健康基础之上的，有损于健康的美不会长久，也不可能是真正的美。一个人的身材、容貌与先天的遗传固然有很大关系，但后天科学合理的营养和锻炼更重要。那么，如何在拥有健康的同时保持良好的体形呢？这就要讲求科学的锻炼方法。

首先，要明白保持良好身材的重要性，并积极培养这种意识，坚持正确的、科学的保持体形的方法。时下流行这样一句话："如果你连自己的体重都把握不了，那么你将如何把握你的命运呢？"欧洲也流行一句话："空有语言而无行动的人，犹如杂草丛生的花园。"用这句话形容保持身形再贴切不过了。因为要有好身材，不是只靠冥想和口号就能实现的，而是一个长期坚持的过程。许多人减肥，就想几天内减掉十几千克，这不仅违背自然规律，很不科学，也超出了人的生理极限。

1. 因人而异，具有针对性

要结合自身的体质和锻炼水平，选择不同的练习方法和内容，根据自身的需要和特点制订锻炼计划。瘦弱型的女性，可以选择练习气功、太极拳、有氧舞蹈、慢跑、散步等运动强度和运动量适中的锻炼方式，关键做到合理控制、运动强度适宜；肥胖型的女性，可以选择骑自行车、跑步、爬山、游泳等运动量较大的锻炼方式；综合型的女性，可以选择练习瑜伽。由于男性与女性的身体特征与构造不同，所以运动的方式与项目也应有所区别，游泳、长跑、球类运动或者利用健身器械都是男性不错的运动方式。

2. 坚持不懈，掌握规律性

人体就是一部周而复始、高度精密运转的机器，时刻在新陈代谢、循环往复，所以对机体状况的调节和变化，应该具有一定的规律性。女性的身体机能有女性独有的生理周期和特点，更应该认真分析女性的生理特征。锻炼时，机能消耗，能量损失；而休息时补充营养和适当睡眠，又能将体能水平恢复至原始状态，甚至超过原有水平，精力更加充沛，医学上称这种现象为锻炼后的"超量恢复"。因此，可以在锻炼的时候利用这一生理特征，有计划、有步骤地进行锻炼，从而达到增强体质的目的。

3. 循序渐进，讲究合理

俗话说，"一口气不能吃成一个胖子"。对于刚进入锻炼阶段的人来说，应当注意练习的内容由易到难、运动量由小到大、运动时间由短到长。刚开始可以选择一些节奏缓慢、变化较少、幅度较小的活动内容进行锻炼，待身体、精力等各方面条件逐渐适应之后再提高要求，使技能和机能水平循序发展，这样才能真正达到健身的目的。

4. 全面兼顾，遵循变化性

参加体育锻炼如果只是一味地模仿或者机械化地重复，锻炼一段时间后会因为兴趣的减退、失去锻炼的积极性而影响效果。有的人在进行了一段时间的健美操训练之后，其体质、精力、乐感等方面都有比较明显的提升，但到达一定阶段之后效果却不如刚接触健美操时那么明显了，因为每次重复创新性不高的练习，机体和意识逐渐下降，甚至失去了兴趣，失去了锻炼的自觉性和积极性。这就需要创造性地安排每阶段的练习内容和方法，循序渐进，始终保持锻炼的激情。

二、站姿礼仪

医护人员由于工作的特殊性，工作中需要长时间地站立，从晨会交班到床头交接班，从接待患者入院到办理患者出院，各种交流、指导工作都需要注意保持站姿的优美、挺拔，符合标准、规范，展现职业素养。

（一）站姿要点

站姿的基本要求：头正，颈直，肩平，收腹提臀。站姿分为基本站姿、标准站姿、沟通站姿3种。

基本站姿：头正，两眼平视前方，下颌微收，表情自然，面带微笑。颈直，头不偏移。肩平，双肩平正，自然放松，稍向后外展打开，双臂下垂放于身体两侧，手指微握拳，大拇指贴于食指第二指节处。躯体挺拔，小腹往里收，腰部正直，臀部向内向上收，大腿夹紧，小腿并拢，双脚跟靠拢，呈双脚平行站姿，也可有 V 字步站姿，双脚呈 V 字形，两脚间成45°，间距一拳，整个人重心在两前脚掌上。

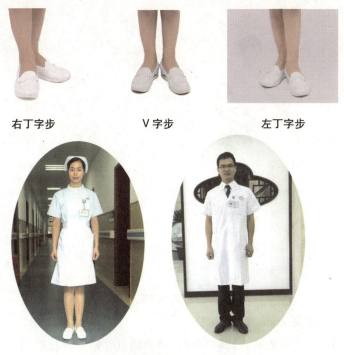

右丁字步　　　　　　V 字步　　　　　　左丁字步

基本站姿

标准站姿：在基本站姿的基础上，手位改变，双手臂自然下垂，手掌在体前交叉，右手在上，轻贴于脐下两横指的位置。

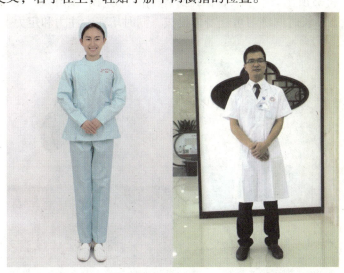

标准站姿

沟通站姿：又名侧脚位丁字步，在标准站姿的基础上变化而来。左手握空拳，右手握于左手之上，放于腹前脐上或脐下两横指的位置。双肘后压近腰部。后撤右脚，两脚相互呈正"丁字步"或侧"丁字步"。

沟通站姿

（二）训练方法

（1）11点靠墙站。调整呼吸，背靠墙直立站好，将后脑勺、双肩、双臀、双小腿肚、双脚后跟、双手掌心沿11点的位置紧贴于墙，面带微笑，冥想。长时间练习，可以有效塑形，表情自然。

（2）将书顶在头顶中央，保持身体平衡，使书不掉下来，整个身体呈量身高状态。长时间练习可让身体挺拔，同时培养专注力和定力。

站姿训练方法

（三）注意事项

（1）不可耸肩驼背、歪脑翘头、凹胸凸腹、撅臀屈膝、东倒西歪，表现得过于自由散漫。不可双脚交叉，有失大雅。

（2）不可双手叉腰、双手环抱于胸，这会给人难以接近的感觉。

（3）不可双手插兜内，或随意摆动，或做玩弄衣物、刷手机等小动作，也不可随便倚靠在患者床边、桌旁等，这会给人无精打采、散漫的感觉。

（4）侧转身体表示厌恶和轻蔑，背朝对方让人觉得"不屑一顾"，完全不尊重对方，因此不要做这类动作。

错误的站姿之一　　　　错误的站姿之二

错误的站姿之三

三、坐姿礼仪

医护人员有很多工作是在坐姿下完成的，如写处方、处理医嘱、书写病历及问诊、填写单据等。正确的坐姿不仅给人稳重舒适、可以信赖的感觉，还可以表现出医护人员认真负责的工作态度、良好的职业服务意识，因此医护人员应当注意自己的坐姿。落座和调整坐姿时应悄然无声；在正式场合入座讲究从左侧一方走向座位和离开座位；入座时应转身背对座位，如距离座位较远，可将右脚后移半步，待右侧腿部接触到座位边缘后，再轻缓落座；入座后，不能流露出倦怠、疲劳和懒散之意。

（一）坐姿要点

基本坐姿：入座时，上身微向前倾，头颈微抬，无论有无椅背，都应挺直腰板。两臂放松，上身与大腿、大腿与小腿均成90°，两膝自然并拢，两脚平落在地，脚尖向前。可坐在椅子的前二分之一至三分之二处。

女士如穿裙服，落座时退右脚，右手由后腰际从上向下将衣裙抚平，然后左右手重叠放置于一侧的大腿上；男士可双脚分开，宽同于其肩，双手可分别置于两侧大腿上。

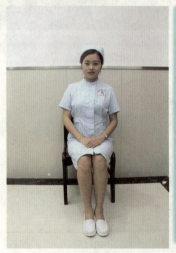

基本坐姿

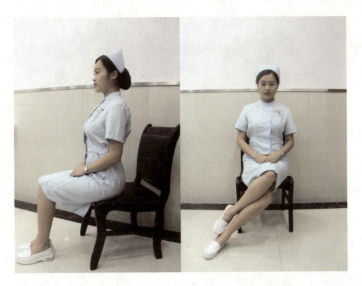

坐姿侧面　　　　　　　　双腿交叠式坐姿

　　入座讲究"左进左出"原则。展演流程：需入座时，行至椅子左前方，右脚后撤半步，抚平裙摆，轻轻坐下。落座过程中要求上身挺直。入座后头部端正，下颌微收，目光平视前方，双膝并拢，双脚靠紧，双手掌心向下，右手放于左手之上，置于大腿中间或一侧大腿上。上身与大腿成90°，大腿与小腿成90°。离座时应体态稳当，自然起身，不要突然跳起，不要弄出声响或碰倒物品，右脚后撤半步，而后直立站起，注意礼仪顺序，从左侧谨慎离席。

　　坐位变换：

　　（1）基本坐姿，双脚尖并拢朝前。

　　（2）左右斜式。双腿平行向左或向右斜放，脚尖点地，脚后跟立起，上身和小腿形成135°，并保持双腿、双脚并拢小叠步。

　　（3）左右叠式。在左右斜式的基础上，向右倾斜时，左脚脚踝从右脚脚踝处缠绕交叠呈小 V 字形，右脚后跟着地，左脚背绷直，脚尖朝地；向左倾斜时，右脚脚踝从左脚脚踝处缠绕交叠呈小 V 字形，左脚后跟着地，右脚背绷直，脚尖朝地。

　　（4）腿位变换练习。分六步：①朝左倾斜；②左小叠步；③归位；④朝右倾斜；⑤右小叠步；⑥归位。

　　（5）左右前后式，同基础坐姿。区别在于双脚一前一后放置，后脚脚尖着地。

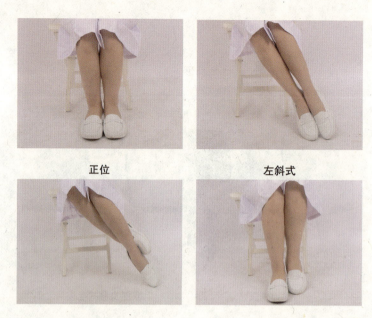

正位　　　　　　　　　　　　　左斜式

左叠式　　　　　　　　　　　　前后式

（二）训练方法

（1）面对镜子，校对整体坐姿：练习背向座位入座，右腿后移的幅度；练习抚裙摆的同时，上身保持挺立，上身与大腿、大腿与小腿均成90°；练习腿位变换时，线条的协调与流畅。

（2）口令式：一人在旁指导，根据步骤喊"坐姿""坐""起"，反复练习起身、落座。

（三）注意事项

（1）落座或离座时，避免动作过大而碰倒物品发出响声。不可面无表情、左顾右盼。

（2）坐定后，头部不可后仰靠在座位背上，或是低头注视地面。

（3）上身不可过度前倾、后仰或歪向一侧，腰背不可松塌懒散或过于僵直。

（4）坐下后，不可双手叉腰、双手端臂、双手环抱于胸前或是双手抱于脑后、抱住膝盖。

（5）不可抖腿、跷二郎腿、双膝分开过大或把腿架在高处。

错误的坐姿之一

错误的坐姿之二

错误的坐姿之三

四、走姿礼仪

　　医护人员特别是护士，工作时大部分时间都在行走，如医护人员给患者体检、接送患者、端治疗盘、推治疗车、持病历夹等。优雅、敏捷、稳健的行走姿势会给人以动态的美感，充满朝气的精神状态会对周围的人产生感染力。巡视病房时，应脚步无声、轻盈稳健，显出成熟和自信。即便有紧急抢救，或病房传出呼唤，也严禁慌乱奔跑，可轻盈机敏地加快步速赶去，表现出一名职业医护人员急患者之所急、工作紧张有序、忙而不乱的状态，增加患者的信任感和安全感。

（一）走姿要点

医护人员的走姿要求做到步态轻盈、稳健、步幅适中、匀速前进。女士行走时，抬头直颈、挺胸收腹、下颌微收、两眼平视前方，两腿略靠拢，沿一条直线小步前进，步履匀称、轻盈，展示女士端庄、文雅、温柔之美。男士行走时，抬头挺胸、收腹直腰、上身平稳、两眼平视前方，展现出男士刚强豪迈的阳刚之美。

走姿

（二）训练方法

行走前，抬头、挺胸、收腹，平视前方，注意避免背、腰、膝部弯曲，使全身看上去呈一条直线。起步时，要注意重心在前，身体稍向前倾，重心落在前移的那只脚的脚掌上，当前脚落地、后脚离地时，注意膝盖一定要伸直，踏下一步脚时，再稍为松弛，这样走步态才优美。

脚尖前伸，步幅适中：行走时，向前伸出的那只脚，应该保持脚尖向前，不要向内或向外，保持步幅适中。正常的步伐应为行走时前脚脚跟与后脚脚尖相距一脚长。

自始至终直线前进：练习走姿前，可在地上用粉笔画一条直线，作为双脚行走的轨迹。行走时，可在头顶放一本书来克服左右摇摆，使腰部至脚部保持直线向前行走，防止内八字、外八字、脚步过大或过小的毛病。双肩平衡，不可过于僵硬呆板，以肩关节为轴，手背与上身的夹角不超过30°，两臂有节奏地自然摆动，摆动时手腕也要配合，掌心向内，微握拳状，摆动的幅度以30°左右为宜，不要双手横摆。

步态综合训练：训练走姿时各种动作要协调，最好配上节奏感较强的音乐，注意掌握走路的速度、节拍，保持身体动作协调、自然。

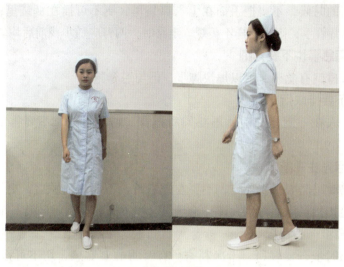

走姿训练方法

错误的走姿

（三）注意事项

1. 切忌身体摇摆

切忌头左右摆动，行走时左顾右盼，会给人庸俗、无知和轻浮的印象；脚尖不要向内或向外，形成八字步态反而不雅；不要弯腰弓背、低头无神、步履蹒跚，会给人以压抑、疲倦、老态龙钟的感觉。

2. 双手不可乱放

走路的时候，不要把手插在上衣口袋里，更不可插在裤袋里；也不要叉腰或倒背着手，因为这样不美观。走路时，两臂应随步伐前后均匀摆动。

3. 有急事也不要奔跑

如果碰到有急事，可以加快脚步，但切忌奔跑。

4. 不要排成行

几个人在一起走路时，不要勾肩搭背、嬉戏打闹，不要排成行成堆走。

5. 目光注视前方

走路时眼睛要平视前方，不要左顾右盼，不要瞻前顾后，更不要一边走路一边指指点点地对别人评头论足，这样不仅不雅，而且很不礼貌。

6. 脚步干净利索

走路时步态要轻稳、干净利索，有鲜明的节奏感，切不可拖泥带水，也不可重如打锤。

7. 走路要用腰力

走路时腰部松懈不美观，拖着脚走路更显得难看。走路的美感产生于下肢的频繁运动与上肢稳定之间所形成的对比协调，以及身体的平衡对称。要做到出步和落地时都正对前方，抬头挺胸，自然大方。

(四) 行进中的礼仪

1. 基本要求

始终自律，自觉约束个人行为。例如，行人过马路走人行道，不闯红灯，不翻越栏杆，遵守交通规则。

相互礼让，遵循次序，照顾身边的老人和小孩，特别是在上下公交车、进出地铁站等人员拥挤的公共场所时。

文明问路，需要向他人问路时，要使用尊称问好，并表示抱歉打扰："您好，先生，不好意思，打扰一下，请问××路怎么走？"事后言语道谢并致以点头礼。

2. 人与人之间的距离

通常人与人之间的距离分为以下四种，行进时可以参照并加以正确地运用。

私人距离：当两人面对的距离在 0.5 米以内时，即为私人距离，又称为亲密距离，仅适用于家人、恋人、至亲等关系特别亲密的人之间。而与关系一般，尤其是陌生人、异性之间共处时，应避免采用这种距离。

社交距离：当两人面对的距离在 0.5～1.5 米时，即为社交距离，又称常规距离，主要适用于交际应酬的时候。它是人们采用最多的人际距离。

礼仪距离：当两人面对的距离在1.5~3米时，即为礼仪距离，有时也称敬人距离，主要用于表示对交往对象特有的敬重之意，也适用于参加大型会议、庆典、仪式及正式社交活动，彼此不太熟悉的人之间采用。

公众距离：当两人面对的距离在3米以上时，即为公众距离，又称为大众距离，主要适用于与自己不相识的人共处。在公共场所行走时，与陌生人共处应尽量采用这种距离。

3. 不同场所的行进礼仪

排队：养成自觉排队的习惯，并耐心等待；遵循排队的规则，不插队或是利用自身之便帮熟人插队；保持适当的前后间隔距离，匀步行进，并注意某些公共区的距离提示，例如在银行取存款服务窗口、自动提款机旁，就有安全警示线的提示。

上下楼梯：注意靠右侧行走，右上右下，左侧应为他人有急事需要快速通过时的一个应急通道；注意尽量不要多人并排上下，需要为他人带路引领时，应走在其侧前方，用手势指引；注意不要在上下楼梯时深入交谈，或在楼梯转角处逗留过久，医护人员特别要避免这种情形，一是会耽误自身的工作时间，二是会让旁人质疑当时的谈话内容，产生不良的印象。

通过走廊：注意缓步轻行，不可大声喧哗；单人行进，主动行于右侧，避免与对面走来者相撞。在医院病房的走廊行走更要特别注意，切忌慌乱奔跑，以免影响医护人员的正常工作和患者的合理休息。

五、蹲姿礼仪

（一）蹲姿要点

保持基本站姿，右脚后撤半步，脚跟提起，保持上身挺直，下蹲过程中，臀部向下，双膝并拢，重心在后脚（左脚全脚着地，左侧小腿基本与地面垂直，右脚脚跟提起，脚掌着地），右手手背捋平裙摆从容下蹲，双手掌心向下叠放在左侧大腿上。起身同坐姿。

（二）训练方法

（1）可面向镜子结合站姿、走姿、坐姿连贯练习。

（2）可结合口令"蹲姿""蹲""起"，多人组合练习，相互检查监督。

（3）可以情景模拟，捡拾物品方式，反复练习下蹲时的轻快、稳直。

蹲姿

（三）注意事项

（1）不可直接面对他人蹲下。

（2）不可腰背松塌懒散或过于僵直。

（3）不可双膝打开或双脚尖打开过大下蹲，像"洗手间姿势"十分不雅。

（4）不可在下蹲时低头、弯背、翘臀，特别是女性在穿裙装时，颇为不雅。

错误的蹲姿

六、举止礼仪

（一）行礼

在医院或公共场合遇到相识的朋友或患者，距离较远时，一般是举起右手打招呼，并点头致意。

相遇后距离较近或者侧身而过，可以说声"您好！"在医院相遇也可以点头致意，而不必用有声语言来问候。

在医院给陌生患者停步让路后，也可点头致意。

别人向你问好或点头致意时，你也应立即回应致意。

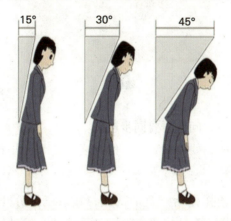

鞠躬角度

1. 点头礼

在沟通站姿的基础上，保持头、颈在一条直线上，点头15°，行点头礼时目视对方，自然微笑，将头部向下轻轻一点，同时与对方交流问候，配以"您好""早上好"等问候语。适用于近距离打招呼，如公共场所路遇同事、患者或陌生人时可行点头礼，表示友好和礼貌。在走姿的基础上，加上点头礼，即演变为"行进间问好"，可用于与距离较远的人，慢慢行进过程中，不方便挥手、握手打招呼时，配以"您好""早上好"等点头礼示意问候。

2. 鞠躬礼

在基础站姿的基础之上，头、颈、躯干保持同一幅度前倾，双手自然放于腹前，右手覆于左手之上，下身保持不动，上身以腰为轴平直向前倾30°，双手自然下滑，目视前方1～1.5米处，保持3秒钟，配以"您好""谢谢""再见"等问候语。

鞠躬礼

注意事项：

（1）行点头礼时，问候语要同步连贯。

（2）行鞠躬礼时，要停顿3秒，低头速度要比抬头速度慢。

（二）端治疗盘

双手拇指和食指托住治疗盘的两侧，其余三指分开托于治疗盘的底部，双肘曲臂端盘紧贴于身体，前臂与上臂成90°，治疗盘不可触及身体，盘内缘距胸腹部一拳的距离。

注意事项：

（1）端盘时双手拇指不可触及盘内面。

（2）端盘开门时不可用脚踢门，应用肩或肘部轻轻将门推开。

（三）持病历夹

持病历夹时，左手或右手紧靠身体，握住病历夹中部边缘，将其置于前臂内侧，使病历夹前缘微翘，病历夹与身体成45°。在行进过程中，另一手臂自然下垂，协调摆动或托住病历夹下缘，进行四步翻阅演练法。

注意事项：

（1）持带病历夹要注意保护好患者隐私，保证资料不丢失、不外泄。

（2）病历夹要做到定期清洁、消毒，外表整洁，及时归位病历车保存。

端治疗盘

持病历夹

（四）推治疗车

推治疗车时，身体略向前倾，治疗车距身体前侧约20厘米，两手扶于治疗车左右两侧的中间处，两臂均匀用力，保持肩部、肘部、腕部成一条直线，上臂与身体夹角为45°~75°，轻轻推动，平稳行进。

推治疗车

注意事项：

（1）不可单手推车或反手拖治疗车行进。

（2）不可用治疗车撞门，进病房操作治疗时应先敲门，用手推开门，推车进病房，然后关门，再推车到病床旁进行系列操作。

（3）治疗车要定时进行清洁保养，底部滑轮要保持灵动性，无异物缠入。

（五）搬患者

搬动患者时，工作人员要合理分配支托力量，在肩背、腰臀、大腿等主要部位选择着力点，集中发力。特殊颈椎、脊柱患者至少需要三人平托头颈、胸背、腰臀及下肢，同一轴线翻动侧身或搬动患者。

注意事项：

（1）不可盲目拖拉、硬拽搬动患者。

（2）搬动患者时，注意保护好其身上的各管道、管路装置，严禁脱落。

（六）推担架车

推担架车时，要注意保持车的平稳安全。护士应站在患者的头侧，便于随时观察患者的病情变化，同时在推送行进过程中，护士应保护患者，防止患者跌落。对于一些特殊患者要注意采取必要的保护性措施，如心肌梗死的患者转送时要避免剧烈震荡；脑出血和颅脑外伤的患者运送途中除了要避免剧烈震荡，还应采取头高足低位，始终保持头部在前，避免脑水肿和出血；昏迷患者应采取平卧位，头偏向一侧，防止呕吐物误吸；四肢骨折的患者，应妥善固定伤肢，颈椎骨折的患者搬运前先上颈托保护，转运时头颈两侧用软垫垫好，防止损伤血管、神经等。

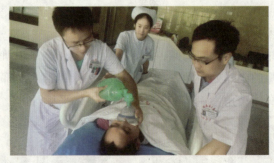

护送患者

（七）推轮椅

推轮椅送患者时，护士应在患者安全落座后，放下脚踏板，将患者的脚放好，让其身体稍向后靠。根据病情使用固定带，保证患者的安全。然后站在轮椅后，双手扶住车把，均匀用力，向前平稳推行，避免颠簸。随时注意检查患者的安全约束装置，防止患者前倾跌伤；随时观察患者面部表情，适时交流，防止患者发生病情变化。

推轮椅

　　患者从进入医院开始，经历入院停车、咨询、挂号、就诊缴费、检查、取药、住院、用餐等步骤到最后离开医院的全过程的每一个瞬间，既是医院提供服务，与患者接触的真实写照，也是医院向患者展示自己服务质量的时机。因而，要管理好患者就医的每一个环节和每一个方面，从患者来到患者离开，保证把每一个环节、每一个方面都做好，把握细节，创造亮点，让患者对医院有较高的满意度。医务人员体态语言有时更能表达出一个人的工作态度。如果对于患者的询问爱理不理，和同事凑在一起聊天谈笑，坐姿散漫，这必然会影响患者的情绪及对医院服务质量产生怀疑。因而，对医护人员的体态礼仪培训也是十分必要的。在此再强调以下几个要点。

　　站姿：站立姿势要自然、端正，导医在站立式时，可以将双手相握或叠放于腹前，双脚可以在以一条腿为重心的前提下，稍许叉开。二十字总结：头正、颈直、肩平、胸挺、腹收、腰立、臀收、腿直、腿靠、手垂。

　　坐姿：坐的姿势要求端正而又自然。男士可以跷二郎腿，但不可跷得很高，更不要抖动；女性可采取双腿交叠式坐姿，但不能钩脚尖，入座时手可平放在腿上或沙发扶手上（上身与大腿、大腿与小腿均成90°，两膝自然并拢，两脚平落在地，足尖向前。可坐于椅子的1/2～2/3处）。

　　行姿：行进姿势要优雅、大方。导医应当掌握的行进姿势的基本要点是：身体协调，姿势优美，步伐从容，步态平稳，步幅适中，步速均匀，走成直线。

　　体姿：身体略微倾向于对方，表示热情和有兴趣；微微欠身，表示谦恭有礼；身体后仰，显得若无其事和轻慢；侧转身子，表示轻蔑；背对对方，表示不屑理睬；拂袖而去，表示拒绝交往。

右正脚位丁字步　　　　　左正脚位丁字步　　　　　双脚 V 形站姿

📑 延伸阅读

［1］　袁涤非.商务礼仪实用教程［M］.北京:高等教育出版社,2016.

［2］　王益锵.护理美学［M］.北京:人民卫生出版社,2001.

［3］　肖京华.医护礼仪与形体训练［M］.北京:科学出版社,2003.

社交礼仪是指在人际交往、社会交往和国际交往活动中，用于表示尊重、亲善和友好的行为规范和惯用形式。社交礼仪是人际交往的润滑剂，不仅可以体现一个人的学识、修养，在交往活动中展现出来的基本素质与交际能力，也可以使人与人的交往、合作更加顺利、愉快，因而越来越受到人们的重视。本章详细介绍了医护人员在社交活动中的会面礼仪、通信礼仪、接待礼仪。在医院里，工作人员与服务对象会面时，不要小看了一个微笑、一个称呼、一次握手，这往往是拉近医护人员与病人之间距离的良好开端。如何进行有效的称谓、介绍、握手、递送都蕴藏着很多的学问。通信礼仪主要介绍了电话礼仪、网络短信礼仪、微信礼仪、邮件礼仪，这些日常生活中看似很平常的行为，在医院却起着至关重要的作用，有时一个电话的有效接听，甚至可以挽回一个生命。接待礼仪从医护工作人员的开关门、引路、电梯指引、手卫生等细微之处展开。

第一节　会面礼仪

案例导入

住在三楼的王奶奶早晨下楼买菜，一不小心脚踏空了，从楼梯上摔了下来，她感到左脚踝处疼得要命，不能落地。家人赶紧把她送往医院，照X光片一看是"左三踝骨折"，必须立即住院治疗。家人在住院处交了费来到病房办理住院手续，因为担心老人家，没有仔细看清楼层标志，本来想要到五楼骨科，结果在四楼内科就出了电梯。

四楼护士站有一名年轻护士正在低头玩手机。家人走到跟前，对护士说："护士小姐，办住院是在这里吗？"护士没有起身，只是抬头看了一眼说："怎么了？哪里病了？"家人说："老人家脚骨折了。"护士白了他一眼，并用一根手指指了指天花板说："走错了，走错了！骨科在五楼。"家人赶忙又按电梯上到了五楼。刚出了电梯，护士站的护士看到他们出来，立刻就迎了上去。微笑着并低头弯腰对坐在轮椅上的王奶奶说："王奶奶，是您吗？我是五楼骨科的护士小陈。刚刚接到急诊电话，说有一位左三踝骨折的患者上来住院，我们怕您不方便，特地出来接应一下。我已经给您安排好床位了。"王奶奶说："那真是太好了，谢谢你，小陈。"小陈护士说："没关系，这是我们应该做的。现在我就推您到病房去。别急啊，待会医生就会过来看您的。"王奶奶心里想：这楼下楼上护士的服务态度，差别咋这么大呀！

一、微笑礼仪

笑容是指人们笑时面部所呈现的神情状态，是最常见、最基本的面部表情。健康的笑容体现了人们积极乐观的心态，是心情愉悦的表现。健康的笑容根据嘴角弧度的不同一般分为微笑、浅笑、含笑、大笑等，病理性微笑则常见于隐匿或患有疾病的人，如苦笑、痴笑、阵发性笑等。在工作岗位上，护理人员的微笑是礼貌待人的要求，是爱心的表现，是最基本的面部表情。面带微笑，更是优质护理、全心全意为患者服务不可或缺的重要组成部分。微笑可缩短医患之间的距离，打破沟通障碍，给患者营造一种可信赖的、良好的沟通环境，对患者的身心康复起到了举足轻重的作用。

（一）微笑的作用

1. 表现真诚友善

护理人员真诚的微笑容易让患者感受到善良友好，尤其是在与新患者交往时，可以帮助患者自然放松，在谈笑间不知不觉地缩短了心理距离，取得了患者的信任。

2. 调节患者情绪

面带平和欢愉的微笑，可以让患者感受到充实满足、乐观向上的人生态度，在患者饱受病痛折磨，情绪低落、焦躁的时候，护理人员温暖的微笑，往往能产生巨大的力量，增加患者战胜疾病的信心。

3. 传达心理暗示

在与患者沟通和交流时，护士微笑的表情可以给予患者积极的心理暗示，久而久之，产生不可忽视的心理效应，使患者身心得到放松，取得精神上的愉悦，有助于患者保持积极的心态，提高患者的依从性。

微笑天使

（二）微笑的特征

微笑的基本方法是：放松面部肌肉，使嘴角微微上扬，嘴唇呈现弧形，在不牵动鼻子、不发出笑声、不露出牙齿牙龈的基础上微微一笑。

一个真实的微笑，是热情友好的微笑，是发自内心的笑，是爱心的体现。微笑必须做到"三笑""三结合"。"三笑"——眼笑、嘴笑、心笑；"三结合"——与眼睛结合、与语言结合、与身体结合。

具备 3 个区域的典型特征：眼睛区域＋脸颊区域＋嘴部区域。眼部表现为眉型平顺，不皱眉，不扭曲；上下眼睑微微

真正的微笑

闭合，随着笑容幅度的增大，眼睑闭合的幅度也越来越大，爱笑常笑的人眼角还会出现鱼尾纹、笑纹。脸颊部位饱满光泽，嘴角区域则向两侧耳朵方向微微张开，幅度上扬，弧线自然连贯。

根据双唇延展开的角度不同，微笑可分为一度微笑、二度微笑和三度微笑。一度微笑嘴角微上扬，表示自然友好；适用于社交场合的初次见面；二度微笑嘴角有明显的上扬，嘴角肌肉舒展，表示亲切随和，常见于熟人见面时的问候型微笑；三度微笑嘴角大幅上扬，表示愉悦甜蜜，常见于亲人、情侣间的亲密微笑。医护人员在面对服务对象的时候，应报以真诚、亲切、表情自然的微笑，嘴角微微上扬，笑不露齿，伴随友善真诚的目光，送上甜美又富有亲和力的微笑。

（三）微笑的练习

微笑从产生到形成大致分可为以下 5 个阶段：放松肌肉、增加弹性、形成微笑、修正微笑、保持微笑。

第一阶段，放松肌肉。微笑练习的第一步从放松嘴唇周围的肌肉开始。可以通过练习发音的方式进行，又名"哆来咪练习"，单个音节发音时间短，富有节奏感。发音的同时注意嘴形的变化。

第二阶段，增加弹性。微笑练习的第二步是增加嘴唇周围肌肉弹性。可以通过反复练习最大限度地收缩或伸张嘴部进行。闭上双唇向两侧拉伸嘴角、向中聚拢嘴唇，并保持单个动作 10 秒，然后保持微笑 30 秒，3 组动作交替进行。

微笑练习

第三阶段，形成微笑。微笑练习的第三步是形成微笑。在练习各种微笑的过程中找到最适合自己的微笑并加以练习，在练习过程中，注意两侧嘴角上升弧度保持一致。保持微笑 10 秒之后，恢复自然并放松，如此反复。

第四阶段，修正微笑。微笑练习的第四步是观察笑容的不足并加以修正。常见的不足有一侧嘴角上歪、笑露牙龈等。一侧嘴角上歪者可在微笑时巧妙利用筷子，用门牙轻轻地咬住筷子，观察嘴角两端连接线是否处在同一水平线上，并加以修正。

第五阶段，保持微笑。微笑练习的第五步是找到完美的笑容并至少维持微笑30秒。通过这一阶段的练习，使完美的微笑成为一种自然行为，在任何时候、任何场合都能绽放出迷人的魅力。

（四）微笑的注意事项

微笑仅是面部表情很小的一部分，要做到传神传意，应考虑与身体各个部位的完美结合。微笑与整体仪态的配合：眼到、口到，笑眼传神；入神、入情，含笑自然；声情并茂，谈笑风生。

首先，微笑应与眼神一致：口到、眼到，才能巧笑嫣然，眉宇传神。其次，微笑应与神、韵、气一致，只有笑得入神、笑得入情，才能神采奕奕，笑容美好。而气质与神韵的结合，让微笑变得更加端庄、稳重，展现出一个人良好的气质和修养。再次，微笑应与语言相结合，才能做到声情并茂、情境吻合。最后，微笑应与一个人的整体仪表、举止相结合，以姿助笑，以笑衬姿，两者相辅，形成一个完美的医护人员仪态美。

微笑应与内心世界一致：真正发自内心的微笑，交织着丰富的内心情感，具有充满力量的内涵。医护人员只有发自内心地对患者表示关心、友爱、同情，才能真正感染患者，让患者感受到关爱和温暖，才能真正地展现出完美的职业微笑，衬托出美好的职业形象。

微笑应人人平等：病患没有贫富、贵贱之分，医护人员应有一个宽容的胸怀，对每一个生命都怀有敬畏之心，做到一视同仁、公平对待，将微笑服务传递到每一名患者心里。

微笑应时应地：虽然微笑服务是医护人员礼貌待人的基本要求，但也要结合实际情况来做调整。当患者的病情或情绪面临变化的时候，要根据当时的情境和氛围做出恰当的表情调整。例如，在抢救生命垂危的患者时，在凝重紧张的气氛下，如果笑意丛生，便是十分不合时宜的。

总之，当患者的身心正遭受着病痛的折磨时，医护人员应显示出对患者关切的神情；当患者处于弥留之际时，应显示出严肃、庄重的神情，不可对家属视而不见、表情淡漠。医护人员只有以严谨的工作作风、端庄稳重的举止、严肃庄重的表情、沉着冷静的神态、娴熟沉稳的动作，才会感染病患及其家属，取得信任与尊重。

二、称谓礼仪

称谓也叫称呼，一般是指人们在日常交往中彼此之间所采用的称谓，用于表明彼此之间的关系。因各国各民族语言不同、民俗习惯不同、社会制度不同，因此在称呼上差别也较大。在人际交往中，选择正确、适当的称呼，既反映着自身的教养和对对方尊敬的程度，还体现着双方关系发展所达到的程度和社会风尚，因此称呼不能随便乱用。

（一）称呼在日常交际中的作用

（1）表示尊重：得体的称呼能很好地传达出对别人的尊重和友善。

（2）明确人际距离：在不同的情况下，使用不同的称呼，意味着交往双方人际距离的不同。在人际交往中，需要根据交往对象、交往情景和交往目的的不同，采用不同的称呼。适当的人际距离不仅是一种礼貌，也是社会交往中自我安全的有力保障。

（二）称呼的一般性规则

（1）遵守常规：所谓遵守常规，就是称呼要符合民族、文化、传统和风俗习惯，比如，中国人对老人很尊重，对父母是不能直接称呼其名的。而在欧美国家，崇尚人的平等与个性，所以孩子叫爸妈的名字就很正常。

（2）讲究场合：在不同的场合应使用不同的称呼，比如，在正式的场合就不适合称呼昵称。

（3）入乡随俗：所谓"十里不同俗，百里不同音"。习俗不一样，称呼往往也不一样。

（4）尊重个人的习惯：每个人都有自己的习惯，称呼他人应尊重对方的习惯。

遵守常规、区分场合、入乡随俗、尊重被称呼者的个人习惯，这4点都是建立在尊重的基础上的。恰当得体的称呼有助于顺利开启社交之门。

（三）常用的称呼方式

在一般的社交场合，使用的常规性称呼有以下5种。

（1）行政职务称呼。即官衔，如李院长、王主任、张护士长。一般在较为正式的官方活动中使用。

（2）专业技术职称性称呼。如李教授、王主任医师、张副主任护师等。

（3）行业的称呼。如警察叔叔、护士小姐、医生伯伯等。

（4）学位称呼。只有博士学位才能作为称呼来用，如周某某博士等。

（5）泛尊称。就是对社会各界人士，在一般的、较为广泛的社交活动中，都可以使用的称呼，比如，称呼未婚的女士为美女、姑娘，称已婚的女士为夫人、太太，称呼男士为帅哥、先生，称呼年长的女士为阿姨、伯母、奶奶，称呼年长的男士为叔叔、伯伯、爷爷等。泛尊称适用范围比较广，除了性别的差异外，可以说是一种以不变应万变的称呼。

除了以上5种常规的称呼外，在人们日常的交际活动中有时还有其他一些称呼也比较常用。亲属之间有各种各样的爱称或昵称，如老爸、老妈。

在医院，医护人员通常对服务对象泛用尊称，以表示对对方的尊重、关爱和理解。不可以直呼其姓名、床号或"喂"字开头。

（四）称呼中的注意事项

（1）注意顺序。按照先上级后下级、先长辈后晚辈、先女士后男士、先疏后亲的礼遇顺序进行。

（2）禁用替代性称呼。替代性称呼就是用其他的语言符号来替代常规性称呼。如医院里以患者的病床号来替代姓名，某些服务性行业用编号来称呼别人等，都是不恰当的。

（3）禁用容易引起误会的称呼。因为习俗、关系、文化背景不同，有些称呼是容易引起误会的。比如，在内地，很常用的一个称呼是称对方为"同志"，意为有共同的理想和意愿的人。但同志这个称呼在海外的一些地方，甚至包括我国的港澳地区，有一个特殊的含义，即表示同性恋爱关系。对于这类称呼在使用时要慎重。同样的情况还有"小姐"这个称呼，因为含有隐喻，现在也极少使用。

（4）禁用不恰当的简称。简称有时是必要的，但如果不恰当就容易带来麻烦。比如，称王局长为王局、李处长为李处是合适的，但称马院长为马院就不合适了。

三、握手礼仪

握手是人们最常用的一种礼节，最早流行于欧美，现已遍及世界各地。美国著名的盲人女作家海伦·凯勒说过："我接触过的手，虽然无言，却极有表现性。有的人握手能拒人千里……我握着他们冷冰冰的指尖，就像和凛冽的北风握手一样。而有些人的手却充满阳光，他们握住你的手，使你感到温暖。"在人际交往中，握手不仅是一种会面的礼节，同时还承载着丰富的交际信息。握手的力量、姿势与时间的长短，往往能够表达出对对方的不同礼遇与态度，显露自己的个性，给人留下不同的印象；也可

手术间的温暖握手

以通过握手了解对方的个性，从而在交际中赢得主动。握手的动作虽然很简单，但却蕴含着复杂的礼仪细节，是显示一个人有无礼仪修养的重要标志。比如，与成功者握手，表示祝贺；与失败者握手，表示理解；与同盟者握手，表示期待；与对立者握手，表示和解；与悲伤者握手，表示慰问；与欢送者握手，表示告别；在医院与即将进手术室的病患握手，表示鼓励；与康复回家的病患握手，则在表示祝贺的同时，带有郑重地交代和祝愿等。能在各种场合轻松得体地与各种人握手，是人际交往的基本功。

（一）握手的时机

握手通常在下面几个时间点比较好：被介绍相识时；故友重逢时；对别人表示祝贺时；当对方给予安慰和问候时。除此之外，还有一些公务应酬场合必须握手，如在公司、家庭重大节日迎接访客时。

以下情况不宜握手：自己戴着手套（女士在宴会场所，戴蕾丝手套除外）；对方手里拿着较重的东西；对方正忙着别的事不方便握手，如打电话、用餐、主持会议或与他人交谈等；自己或对方手部患有疾病和创伤；对方与自己距离较远；对方是不太熟悉的女士，又未主动伸手等。

（二）握手的正确姿势

不同的握手姿势传递着不同的语意，错误的姿势非但不能传递友好的信息，反而会影响相互间的友谊。在社交场合，握手的正确姿势应是面含笑意，注视对方的双眼，头微低，上体微微前倾15°，右手手掌与地面垂直，拇指与其他四指分开成65°，四指并拢，掌心微凹，手掌和手指全面接触对方的手，稍稍用力一握，双方彼此最佳的距离为1米左右，握手的时间一般以 3 秒左右为宜。

　　有时候，下级对上级、晚辈对长辈，为了表示热情诚挚的感情，也可以双手紧握对方的手并上下轻轻摇动，好似给对方戴了一只温暖的手套，这样握手比一只手相握更显得真挚而热情。这种握手方式在西方被称为"政治家的握手"。

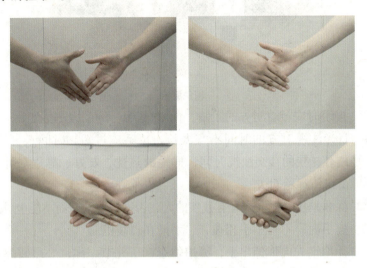

握手步骤

（三）握手的次序

　　在正式场合，握手时伸手的先后次序主要取决于职位、身份；在社交场合，则主要取决于年纪、性别、婚否。伸手的次序是尊者居前，即在上下级之间，上级伸手后，下级才能伸手相握；在长辈与晚辈之间，长辈伸手后，晚辈才能伸手相握；在男士和女士之间，女士伸手后，男士才能伸手相握；在主客之间，主人伸手后，客人才能伸手相握。当患者来到诊室，医护人员可以先主动向患者伸手，表示迎接。就诊完毕，患者可以向医护人员伸手，表示道谢。

　　双方见面时，作为下级、晚辈、男士及客人应该先问候，等对方伸手后再与之相握。当一个人同时要与许多人握手的时候，应该先与身份地位较高或非常值得尊敬的人相握，然后与其他人相握；假如大家的身份地位彼此相同或相近，一般以从右到左或从左到右的时针顺序握下去。

（四）握手注意事项

　　（1）手应该是清洁的，并应脱掉手套。如果女士身着礼服佩戴蕾丝手套，可以不脱手套。

　　（2）握手的力度要得当，过重或过轻都不适宜。

医护握手

（3）握手时应望着对方的眼睛，面带微笑，不可以一边握手，一边东张西望。目光注视对方的时间不宜太长，也不应过短，时间最好为 4～6 秒，这是最有礼貌的社交注视时间，握手的热忱、友好、尊重都可以通过眼睛这扇窗户传递给对方。

（4）除非是年老体弱或者有残疾的人，否则均要站着而不能坐着握手。

（5）握手时，不可一手相握，一手插在口袋里。

（6）无论谁先向你伸出手，哪怕他忽视了礼节，你也必须回握对方的手，不然也是有失礼节的。

四、递送礼仪

递物与接物是生活中常常遇到的举止，一个小小的动作也能体现一个人的修养。应当双手递物、双手接物，表现出恭敬尊重的态度。医护人员在工作中会递接物品或文件，在递接过程中也应该举止大方，体现素养。在递交过程中，应面带微笑，并配以礼貌用语，不可一言不发。

（一）递物、接物的原则

礼仪的基本原则是尊重他人，而双手递物、接物恰恰体现了对对方的尊重。

（二）递物、接物的方法

（1）递文件资料或图书杂志。在工作或生活中，若要向对方递送文件资料或图书杂志，应使文件正面朝向对方。

（2）递交名片。交换名片是建立人际关系的第一步，一般宜在与人初识时、自我介绍后或经他人介绍后进行。递送名片时，应面带微笑，正视对方，将名片正面朝向对方，恭敬地用双手的拇指和食指分别捏住名片上

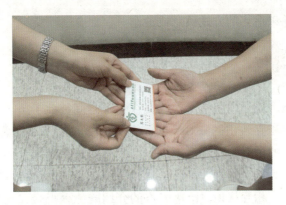

递送名片

递送物品

端的两个角送到对方手中。如果是坐着，应起身或欠身递送，递送时可以说一些"您好，我叫×××，这是我的名片"或"很高兴认识您，请多关照"之类的客气话。

（3）递交其他物品。递笔、刀剪之类的尖利物品时，需将尖头朝向自己，不要指向对方；递送茶杯，应左手托杯底，右手握住杯把，将茶杯把朝向客人的右手边，双手递上。递送饮料、酒水时，应将商标朝向客人，左手托底，右手握在距瓶口 1/3 处递上。

（4）接受他人的名片。接受他人的名片时，应当恭恭敬敬地双手捧接，并说声"谢谢""久仰大名"等。接过名片后，应从上向下、从正到反、认真观看，以表示对递送者的尊重。还可以就名片上的某些问题当面请教，否则在谈话中如果说错了对方的姓名或职务便会失礼。然后当着对方的面郑重其事地将名片放入自己的名片盒或名片夹中。切不可随意丢在桌上，或在名片上再加放茶杯，或顺手不经意地塞进衣袋、插入裤兜，或弃置一旁。

（5）接受其他物品时，也应将对方恭敬递过来的物品，同样恭敬地用双手接过，并以适当的方式致意或道谢。

五、介绍礼仪

所谓介绍，就是说明情况，使交往对象之间彼此了解。介绍是社交场合人与人之间相互认识的一种手段，是人际交往中一个非常重要的环节，也是人际沟通的桥梁。在生活中我们经常需要自我介绍或作为中间人介绍他人认识，不管是介绍别人，还是自我介绍，正确的介绍可以使素不相识的人相互了解、相互认识。落落大方的介绍既能赢得交往对象的好感，结识新的朋友，建立新的友谊，又能显示介绍者良好的交际风度和交往品质，给对方留下良好印象，从而有利于工作的进一步良性开展。

从社交的礼仪来看，介绍分为三大基本类型：一是介绍自己，即自我介绍；二是他人介绍，即替别人做介绍；三是名片介绍。

（一）自我介绍

自我介绍是指在必要的社交场合，将自己介绍给其他人，以使对方认识自己。

1. 自我介绍的形式

（1）应酬式。适用于一般性的社交场合。往往只介绍姓名一项即可。如"您好！我叫李毅。"

（2）工作式。主要用于工作中，介绍内容包括本人姓名、工作单位、职务或从事的具体工作3项。这3项内容又称为工作式自我介绍"三要素"。例如："您好！我叫江红，我是来自××医院的内科护士。""您好！我叫李慧，我是您的责任护士，您有什么需要可以随时找我。"

（3）交流式。适用于需要进一步沟通时。介绍的内容包括姓名、工作、籍贯、学历、兴趣、与交往对象的某些熟人关系等。例如："您好！我叫李雅，现在××医院工作。我是××医科大学2017届的毕业生，我的爱好是××。我想，咱们可以很快成为好朋友的，对吗？"

（4）礼仪式。适用于讲座、报告、演出、庆典仪式等一些正规而隆重的场合。它是一种意在表示对交往对象友好、敬意的自我介绍。介绍的内容除了姓名、单位、职务外，还应增加一些适宜的谦语、敬语，例如："尊敬的各位来宾，大家上午好！我叫王杰，是高职学院的院长，请允许我代表本学院全体师生员工对此次莅临我院参加挂牌仪式的各界领导、同人表示热烈的欢迎！谢谢各位的支持。"

（5）问答式。适用于应试、应聘和公务交往场合。如主考官问："请介绍一下你的基本情况。"应聘者应答:"各位好!我叫李红,是××学校护理专业应届毕业生,现年 21 岁,湖南沅江人,中共党员,担任班上的学习委员。在校学习成绩较好,曾获得一等奖学金,多次被评为校级优秀学生。"

自我介绍

2. 自我介绍的注意事项

(1)讲究态度。态度一定要亲切、友善、自然、随和;镇定自信、落落大方、彬彬有礼,表示自己渴望认识对方的真诚情感,语气要自然,语速要正常,语音要清晰。

(2)注意时间。自我介绍要简洁,尽可能地节省时间,一般以半分钟左右为佳,不宜超过 1 分钟。为了节省时间,做自我介绍时,还可以利用名片、介绍信加以辅助。

(3)注意内容。自我介绍的内容要真实准确,不可自吹自擂、夸大其词。

(4)讲究方法。自我介绍时,应先向对方点头致意,得到回应后再向对方介绍自己。如果有介绍人在场,自我介绍则被视为不礼貌。

(二)他人介绍

他人介绍是指自己充当介绍人,为彼此不认识的双方做引见的一种介绍方式,又叫第三方介绍。介绍他人,通常是双向的,即对被介绍的双方分别做介绍;有时也可进行单向的他人介绍,即只将被介绍者中某一方介绍给另一方。

1. 介绍的顺序

在为他人做介绍时，应遵守"尊者优先了解情况"的规则。介绍时的顺序大致有以下几种：

（1）介绍上级与下级认识时，先介绍下级，后介绍上级；

（2）介绍长辈与晚辈认识时，应先介绍晚辈，后介绍长辈，或先介绍年幼者，后介绍年长者；

（3）介绍女士与男士认识时，应先介绍男士，后介绍女士；

（4）介绍来宾与主人认识时，应先介绍主人，后介绍来宾；

（5）介绍先到者与后来者认识时，应先介绍后来者，后介绍先到者。

2. 介绍的方式

根据实际需要的不同，为他人做介绍时的内容、方式也会有所不同。

（1）标准式。适用于正式场合。内容以双方的姓名、单位职务等为主。例如："我来给两位介绍一下，这位是××医院护理部李主任，这位是××学校张校长。"

（2）简介式。适用于一般的社交场合。只介绍双方姓名一项，甚至只提到双方姓氏而已。例如："我来为大家介绍一下，这位是王总经理，这位是徐董事长。"

（3）强调式。适用于各种社交场合。其内容除被介绍者的姓名外，往往还可以强调一下其中某位被介绍者与介绍者之间的特殊关系，以便引起另一位被介绍者的重视。例如："这位是××学校的张老师。这位是黄蓉，是我的侄女，在您的班上学习，请您对她严格要求，多多关照。"

（4）引见式。适用于普通场合。介绍者所要做的是将被介绍的双方引导在一起即可。例如："好，两位认识一下，大家都是同行，下面请你们相互自我介绍吧。"

（5）推荐式。适用于比较正规的场合，多是介绍者有备而来，有意要将甲举荐给乙，因而在内容方面，通常会对甲的优点加以重点的介绍。例如："李总经理，这位是王凡先生，王先生是一位管理方面的专业人士，对时间管理很有研究并在业内享有较高的声誉。李总，我想您一定很想和他聊聊吧。"

（6）礼仪式。适用于正式场合，是一种最为正规的为他人介绍的方式。其内容略同于标准式，但语气、表达、称呼上都更为礼貌、谦恭。例如："××局长，您好！请允许我把××医院的××院长介绍给您。××院长，这位就是××卫生局的××局长。"

3. 介绍者的正确姿势

介绍者应站立于被介绍者的中间旁侧，身体上部略倾向被介绍者。伸出靠近被介绍者一侧的手臂，胳膊向外微伸，形成弧形平举，摊开手掌，手心向上，四指自然并拢，拇指张开，朝向被介绍的一方，并面带微笑，两眼平视被介绍者。

他人介绍

4. 介绍他人的注意事项

（1）介绍者做介绍之前，要先征求被介绍者双方的意见。

（2）被介绍者在介绍者询问自己是否有意认识某人时，一般应欣然接受，如果实在不愿意，应向介绍者委婉说明缘由，取得谅解。

（3）当介绍者走上前来为被介绍者进行介绍时，被介绍者双方均应起身站立，面带微笑，大大方方地目视介绍者或对方，也可以互递名片，交换联络方式。如果被介绍者双方相隔较远，中间又有障碍物，可以举起右手致意，或点头微笑致意。

（4）介绍者介绍完毕，被介绍者应依照合乎礼仪的顺序与对方握手，并且彼此使用"您好""很高兴认识您"等语句问候对方。

（三）名片介绍

现代的名片是一种经过设计、能表示自己身份、便于交往和执行任务的卡片，是当代社会人际交往中一种最经济实用的介绍性媒介。

1. 递交名片的礼仪

递交名片时，应郑重其事，最好是起身站立，走上前去，用双手或右手持名片，将名片正面朝向对方，上身呈15°鞠躬状递给对方。与他人交换名片时，应讲究先后次序，或由近到远，或由尊到卑。双方交换名片时，位卑者应首先把名片递给位尊者。将名片递给对方时，最好有语言伴随，可以说"请多多关照""以后保持联系"等。递交名片时注意不可以用左手递交名片，不可以将名片举得高于胸部，也不可以用手指夹着名片给人。

2. 接受名片的礼仪

当他人表示要递名片给自己或交换名片时，应立即停止手中所有的一切事情，起身站立，面含微笑，目视对方，双手或右手接过名片。同时，应口头道谢，不可一言不发。接过名片后，要从头至尾认真看一遍，若有疑问，可当场向对方请教，此举意在表示重视对方。若接过他人名片后看也不看，或弃之桌上，或马上装进口袋，或拿在手里折叠，都是失礼的行为。

3. 索要名片的礼仪

需要向对方索取名片时，可采用下列方法：

（1）主动递上自己的名片，并说"我们可以交换一下名片吗"，或者询问对方"今后如何向您请教"，此法适用于向尊者索要名片。

（2）或者说"以后怎样与您联系"，此法适用于向平辈或晚辈索要名片。

如果没有必要，最好不要强索他人的名片。当他人索取本人名片，而自己又不想给对方时，应以委婉的方式拒绝，可以说"对不起，我忘了带名片"，或者说"抱歉，我的名片用完了"。

六、招呼礼仪

招呼礼是与熟人见面时最常用的一种礼节，它虽然只是发生在瞬间，却能反映出一个人待人接物的基本常识和行为素养，其影响久远，遇到熟人不打招呼，或者无视、不理睬对方发出的招呼礼，都是一种失礼的行为。招呼礼不能千篇一律，其方式应根据不同场合、不同时间、不同对象而有所变化。

（一）打招呼的方式

基本上可分为两种：语言招呼和非语言招呼。

1. 语言招呼

语言招呼是用最简单的话语，伴随问候及寒暄等应酬性语言与人打招呼的一种方式，在实际使用中，它又可分为称呼式、寒暄式、问候式三种。

（1）称呼式招呼。在与经常见面的熟人朋友见面时，以称呼对方的方式来打招呼，以表示相互之间的熟悉、关系的融洽。在使用中，凡年龄、身份相仿的熟人，通常直接称呼对方名字来打招呼；凡年纪轻、身份低的人遇到年长或身份高的熟人，应以敬称或尊称来招呼对方，表示对对方的尊重，如"李院长""张主任""王阿姨"；凡年纪大、身份高者遇到年纪轻或身份低的人，可以在对方的姓名或姓前加"小"称呼对方，如"小王""小张"。此种方法既亲切又简单，适用于大多数场合。

（2）寒暄式招呼。是指用没有实际具体内容的反问句式与对方打招呼，如"今天忙吗""准备下班啦"等，这是我国传统的招呼方式。需要说明的是，此种招呼所用的反问句式及提及的问题，并不是招呼者真正想要获取的信息，只是表达友好和关心的问候。对于这种招呼中的提问，对方既可以回答，也可以用同样的话语向对方提出反问。用于寒暄式招呼的问句通常有三种：第一种是根据对方可能刚做过的事与对方打招呼，如"吃了吗""您刚刚也在听袁老师的课吗"等；第二种是根据对方正在做的事情与对方打招呼，如"在看报啊""在看病历啊"等；第三种是根据对方可能要去做的事情与对方打招呼，如"上班去啊""开会去啊"等。此类招呼比较随便，又具有人情味，适用于邻里之间、同事之间。需要注意：反问句式的招呼还是显得比较烦琐，若让对方反应不及或回答不及，就容易失礼。另外，也有打探别人私事之嫌，故应限制使用，尤其在与外宾接触中应禁止使用。

（3）问候式招呼。有三种形式：一是简单的问候，即用"早安""您好"等话语去问候对方，这是比较传统的招呼方式。例如，医护人员晨会交班前都会问候"大家好"。主要适用于工作场合或一般交往的朋友和熟人。二是根据时间进行问候，这是西式的问候方式。例如，早上见面，可用"早上好"或"早安"；午间见面，可用"中午好"或"午安"；晚上见面，可用"晚上好"；入睡前问候"晚安"。此种问候方式适用于经常见面的朋友之间，对外宾尤为适用，现在越来越多的人都采用此种问候方式。三是详细的问候，这种方式除了用"您好"问候对方外，还问候对方的身体、工作、生活或家庭情况。例如，"刘阿姨，早上好，今天觉得身体怎么样啊""您最近工作忙吧"等。此种问候适用于不经常见面，或是相隔了一段时间见面者之间打招呼。

某科室来了一名轮岗的新护士，进入病区后，通过责任组长指导、阅读患者病历资料，了解了自己所管患者的病情后，便到病室进行巡视。她是这样向患者打招呼的："1床王阿姨，您好，一会儿要给您输液了，您准备好了吗？需要先去上个厕所吗？……""2床平平，上午好，你今天已经下床活动了吧?""3 床李丽,您好,今天觉得怎么样? 伤口还疼吗?"不难看出,这名护士对 1 床患者使用了称呼式招呼,对 2 床患者使用了寒暄式招呼,对 3 床患者使用了问候式招呼。

2. 非语言招呼

一般有致意式和告别式两种方式。

(1) 致意式招呼。通常有三种方式:一是近距离点头致意,即当与对方面对面时,以点头、微笑的方式与对方打招呼,此方法适用于关系一般的熟人,或经常见面的熟人、朋友,特别是在一天里可能会多次见面的熟人、同事;二是握手致意,一般适用于正式的交际场合,如初次见面、介绍之后、签字结束时,双方往往以握手的方式,并伴随着"您好""幸会""很高兴认识您"等应酬性语言相互致意;三是远距离举手致意,具体做法是举起右手超过头顶,手掌朝向对方轻轻摇动,适用于在公众场所,远距离遇见熟人或朋友,不方便也无需刻意相互走近进行问候寒暄时使用。

(2) 告别式招呼。是与熟人、朋友或家人在一起时,因事需要提前离开或暂时离开时使用的一种招呼方式。"不好意思,我有事需要先告辞了""很抱歉,科室加班,我得先走了,下次咱们再聚"。

(二) 打招呼的顺序

(1) 在通常情况下,在正式的场合,应该是年轻的问候年长的、男士问候女士、地位低的问候地位高的,但在实际交往中,人们往往不太拘泥于上述顺序,通常是不分年纪长幼、男女性别、地位高低,而是谁先见到对方,谁就应主动向对方打招呼。

(2) 若是服务者与被服务者的关系,应是前者向后者先打招呼。例如,在医院,医护人员接诊患者,应该主动问候患者:"女士,您好,请问有什么需要我帮忙的吗?"

(3) 如果同时遇到两位长辈,可以同时进行问候,如"两位伯伯好"并点头致意。

(4) 如果遇到两人以上或更多人迎面走来,而来者中只有个别人与自己熟悉,可以在用语言同熟人打招呼的同时,用体态语言(如目光、点头、微笑示意)问候其他人。

(三) 使用招呼礼时应注意的问题

(1) 招呼中所用的寒暄语要注意简洁,反问句不可太烦琐,尽量不使用需要对方马上做出回答的设问句,以免让人感到有打探隐私之嫌。尤其是在与外宾交往中更要注意,避免引起不必要的麻烦和误会。

（2）"吃饭了吗""吃过啦"此类的招呼语既狭隘又俗气，现已过时，我们需要改变这种打招呼的习惯用语，提倡说起来顺口、简便，也方便回应的西式问候语，并以此作为比较固定的、习惯的招呼形式。

（3）招呼中使用的寒暄语要表达出说话人对听话人的切实关心，语气语调要平和，要让对方感受到礼貌和真诚。

（4）在问候语的使用中，要正确区分"你好"与"您好"，适时适宜把握"早上好""中午好""下午好""晚上好"。

七、探视礼仪

医院里经常有人来人往的探视群体。亲朋好友生病住院，专程前去探望是人之常情。患者得到关爱，会感到备受重视而增强战胜疾病的勇气，家属也会感到无比欣慰。但是切记不可莽撞，合适的探望是对患者的关怀与友情；不合适的探望和问候，会影响患者的病情，使患者产生负面的情绪，严重的甚至会导致彼此关系的破裂。患者在生病期间会很敏感，探望患者时，要求探望者对自己的神色表情和言谈举止都要十分谨慎，以免导致不良后果。

（一）探视前

首先，到医院探视患者前，要做一些了解，如向其家属、友人打探一下患者当前在哪家医院什么科多少床，医院具体的探视时间，以及患者目前的大概病情、饮食和心理状况等，以便到病房后，有针对性地和患者聊天交谈，适当安慰。再考虑准备合适的礼品，如书刊、食品和鲜花等，在医院允许探视的时间去医院探视。注意探视时，探视者尽量换上整洁的服装，女士不要浓妆艳抹，不要戴过于夸张的首饰，服装不要过于艳丽。

（二）探视

到医院后，探视者要遵守医院的规定，按照时间要求入内和离开。没有探视时间规定的医院，也可选择避开患者集中治疗的时间，或避开患者午休、深夜休息的时间前往探视。进病房前要先轻轻敲一下门，或轻轻开门进去，轻轻地走到病床前，放下礼物。见到患者时，要如平常一样自然、平静、面带微笑，主动上前握手问好，不宜握手时，可探身示意问候。见到患者身上的针头、纱布敷料、各种管道时，切不可表现出惊恐的神情，避免给患者增加精神压力。

探视过程中应多讲些鼓励、安慰、开导患者的话，用乐观向上的语言给患者以精神上的鼓励。千万不要提及刺激患者的话题，不要过分详细地询问病情，要多讲一些愉快的事、逸闻趣事，分散其注意力，使患者能够自主调动积极的情绪，恢复自信，帮助患者增强战胜疾病的信心，鼓励患者配合医生的治疗和护士的护理，并安慰患者在治病期间不要再为工作上的事或其他家务事操心，安心接受治疗。

一同前去探望的亲友不宜太多，可能会影响病房医护人员的正常工作，不方便管理，同时不利于患者休息，还可能会妨碍到其他的患者。

给患者送礼品，一定要精心挑选，要考虑到患者的病情适用，考虑到礼品的寓意。例如，糖尿病患者的肠胃不好，而蜂蜜是润肠的，就不适宜送蜂蜜。礼品中鲜花、水果包括书刊是普遍受欢迎的，而昂贵的营养品就要因人而异了。送鲜花时也有几点需要注意：不要送纯黄色或白色的菊花；不要送不适宜放病房的盆栽花；还有些患者本身就对鲜花或花粉过敏，有的患者患有严重的呼吸道疾病，也不适宜呼吸有花粉的空气等，遇到这些情况就要慎重考虑，送其他的礼品。

（三）探视"六忌"

（1）忌把患者的当前面容和以前健康时相比较，以免加重患者的思想包袱。

（2）忌携带小孩前去探视，一是小孩易吵闹；二是因为医院的病菌多，小孩普遍机体抵抗力弱，容易受感染，不利于孩子健康。

（3）忌当面过多地谈论病情，以免影响患者的情绪，不利于患者恢复。

（4）忌在病房里高声谈论、肆意谈笑、走来走去，以免影响患者的休息。

（5）忌在病房内抽烟、喝酒。

（6）忌不通过医生和护士，私自给患者滥用药物。

（四）告别

从健康的角度考虑，需要适时、委婉地结束探望。探视患者的时间不宜过长，一般以十几分钟为宜。准备起身告辞时，关切地询问患者有什么需要帮助的，或有什么事需要帮忙办理的，离开前再三嘱咐患者要安心静养、配合治疗，表示过两天会再来看望。如果患者情况危重，不宜交谈，探视时简单而深情地表示安慰与鼓励，再向患者的亲属致意后就可以告辞。不便当着患者的面交谈、询问家属病情，可在其亲属送到门外时再表示关心，以免引起患者的疑虑，加重病情。总之，探视患者时一定要把握好分寸，这样才能达到探视的预期效果。

第二节　通信礼仪

案例导入

目前全国各大小城市都有专门的 120 急救中心，因此就有一大批从事 120 接线、调度的工作人员。我国的群众居民急救意识并不强，加上对 120 接线员这个职业的不了解，以为接线员就是个接电话的，拨打了 120 后，就应该让救护车立马出现在眼前，因为着急，求救者在电话里往往不能够理智地和接线员对话，接线员想详细问几句就可能会遭到指责甚至辱骂，反而耽误了出车时间和宝贵的抢救时间。人们应该在救护车赶到现场之前，保持冷静，积极配合调度员的问询，早一秒开展自救和他救，一个生命或许就能多一分希望。

"作为一名 120 接线员，虽然我们拿起的是电话机，而不是手术刀，但我们同样以挽救生命视为自己的天职，只要给予我们百分之一的信任与理解，我们将百分之百地坚守在救护的起跑线上，为您传好生命接力的第一棒。"这是 2017 年《我是演说家》节目中一名 120 医护人员的演讲，现场讲述了她作为一名 120 调度员，心理上从害怕、委屈到默默坚守，直到 2016 年 9 月接到的一个电话，一个 26 分钟的电话生死营救，生死一线，电话里告知正确的心肺复苏、安抚家属紧张焦虑的情绪，不间断持续反馈病人及救护车位置信息……最后病人获救，她明白了自己工作更深远的意义，不只是单纯调派救护车，而是时刻参与急救第一环节、为病人争分夺秒赢得抢救时间的一名使者。不再害怕，不再委屈，而是自豪地接受这份沉甸甸的责任。

我是演说家

一、电话礼仪

电话礼仪形象是人们在使用电话时的种种外在表现，是个人形象的重要组成部分。人们常说"未见其人，先闻其声"，说的就是声音在交流中所起的重要作用。通话时的表现是个人内在修养的反映，电话交流同样可以给对方和其他在场的人留下完整深刻的印象。一般认为，一个人的电话形象主要由他使用电话时的语言、内容、态度、表情、举止等多种因素构成，与会话和书信联络相比，接打电话具有即时性、经常性、简洁性、双向性、礼仪性等较为突出的特点。

（一）拨打电话

拨打电话前，拨打者先要确认对方的号码、姓名、头衔，想好谈话的内容要点，必要时备好相关资料、记事本或便条。拨通电话后，应确认对方信息，礼貌地问好，进行自我介绍，说明电话来意，再倾听对方的意见，双方沟通协商达成协议或共识后，再重复一次协议的结果，通话结束前说"谢谢"或"打扰您了"等礼貌语然后挂断电话。

1. 拨打电话的时机

一般的公务电话最好避开临近下班的时间，因为这时打电话，对方急于下班，很可能得不到满意的答复。公务电话应尽量打到对方单位，若确有必要往对方家里打时，应注意避开吃饭或睡觉时间，不要在他人休息时间打电话，也不要在用餐之时打电话。打公务电话，不要占用他人的私人时间，尤其是节假日。如果对方当时不方便接听电话，要体谅对方，及时收线，待时间合适再联系。

2. 通话的时间与内容

通话时间以短为佳，宁短勿长。一般限定在 3 分钟之内，尽量不要超过这一限定时间，内容应简明扼要，长话短说，直奔主题；不要讲空话、废话、无语找话和短话长说。

3. 通话的态度与语气

热情、亲切，口音清晰，语速平缓；语言文明、得体；音调适中，说话自然，举止文明。通话之初，应首先向受话方恭恭敬敬地问一声"您好"，然后做自我介绍，确认对方身份后再礼貌地与对方通话。终止通话前，别忘了向对方道一声"再见"。若拨错了电话号码，一定要对听者表示歉意，不能一言不发直接挂断。

4. 通话的举止

虽然在通话时双方不见面，但也应注意通话的举止。例如：不要把话筒夹在脖子下；不要趴着、仰着，不要坐在桌角上通话；不要高架双腿在桌子上通话；拨号时，不要以笔代手；通话时，不要嗓门过高；终止通话放下话筒时，应注意轻拿轻放。

5. 通话时注意事项

当你正在打电话又碰上客人来访时，原则上应先招待来访的客人。此时，应尽快和通话对方打个招呼，得到对方的许可后，再挂断电话。但是，若电话讨论的事情比较重要而不能马上挂断，应告知来访的客人请稍等，然后继续通话。若通话时对方不小心切断电话，应由自己重拨。在外面与他人联络打电话时，尽可能选择安静的地点，以免影响对方接听电话；若环境不允许，也应在电话中向对方说明。

（二）接听电话

1. 接听及时

电话铃响要立即停止自己所做之事，亲自接听电话。一般以铃响 3 次拿起话筒为最好时机。医护人员应坚持以"患者为中心"的原则，急诊电话优于普通电话，上级电话优于同级电话，长途电话优于普通电话。

2. 应答礼貌

（1）接听电话时，应先自报家门。"您好！这里是××医院××科，请问您找哪位？"询问时应注意在适当的时候，根据对方的反应再委婉询问。

（2）如果对方要找的人不在，要试着询问对方有无重要的事情，或者试着了解对方来电的目的，再看情况决定处理的方式，切忌用生硬的口气说"他不在""打错了""不知道"等生硬的词语。

（3）通话时要聚精会神，最好左手持话筒，右手拿笔记录重要的内容，如时间、地点、联系事宜、需要解决的问题等。

（4）交谈完毕时，应尽量让对方结束对话，若确实需要自己来结束，应解释、致歉。通话完毕后，要认真地向对方道一声"再见"，然后恭候对方先放下话筒，自己才轻轻地放下话筒，以示尊重。

3. 接听电话的注意事项

（1）接听电话时不要轻易使用"等一会儿再打"这种容易引起误会的语句。如在会晤客人或举行会议期间有人打来电话，可向其说明原因，表示歉意，如"对不起，我正在开会，不方便接听电话，会议结束后，我与你联系"。

电话礼仪

（2）当有电话找某同事，而其不在，对方要同事私人电话号码时，不要轻易告知。可让来电者留下电话，再通知同事，让同事自己和对方联系，以免造成不必要的麻烦。如果对方要找的人不在，对方要求转告的话，应做好电话记录，内容包括：打电话者的姓名、单位以及是否需要回电话及回电话的号码、时间等，记录完毕后，最好向对方复述一遍，以免遗漏或记错。

（3）与同事聊天时听到电话铃响起，不要立刻拿起听筒，应先向同事道歉后再接听。

（4）接听电话时要专心，不要与别人交谈、看文件、看电视、听广播、吃东西等。

（三）接到投诉电话时的应对技巧

洗耳恭听，坦然处之，让患者诉说不满，并耐心等待对方心静气消。要肯定患者话中的合理成分，一边认真琢磨患者不满的缘由，找到合适的方法，取得患者的谅解及信任。最后道别时说："谢谢您打电话来。我们今后一定加倍注意，这样的事情不会再发生。"当自己不能解决时，应将投诉内容准确及时地告诉负责人，请他出面处理。对待投诉，态度一定要真诚，用真诚的态度为患者解决问题，以化解矛盾。

电话礼仪口诀：

电话旁备纸和笔，

响铃三声微笑接。

您好之后报家门，

语气热情语速慢。

电话礼仪4个"3"：

（1）铃响3次内接起。

（2）通话时间 3 分钟以内。

（3）嘴离话筒 3 厘米。

（4）要求遵守 3 个礼节（您好、自报家门、说再见）。

礼貌用语来应对，

确认留言最关键。

说完再见轻轻挂。

二、网络礼仪

随着信息技术的不断发展和电脑应用的普及，网络在人们的学习、工作、生活中扮演着越来越重要的角色。在我国，网络已经逐渐成为人们在交往与应酬中普遍使用的一种高效便捷的基本工具。而在公司、企业、政府部门里，办公现代化与网络化早已是大势所趋。不论是在学习、工作还是在生活中，使用网络时，人们都要遵守网络礼仪。一般而言，网络礼仪具体指的是人们在使用网络时所应当遵守的一系列行为规范。具体如下。

（一）基本规范

1. 表里如一

在现实生活里，我们都是遵守法律、讲究道理的公民。在互联网上，我们也应该如此，做到网上、网下行为一致，即上网时表里如一。谨言慎行，不可利用网络伤害别人；不可干扰网络的正常运行；不可窥探别人的网络文件；不可借助网络进行盗窃；不可应用网络作伪证；不可拷贝或使用未付款的软件；不可未经许可使用他人的网络资源；不可盗用别人的网络成果；不可忽略自己所编程序的社会效果。

2. 宽以待人

在任何情况下，包括在网上活动或进行交际时，宽以待人、严于律己都是做人的美德。网络是大家共享的，不要忘记网上还存在着别人；在网上进行讨论时，要心平气和，坚持以"礼"服人；对网上的交往对象要予以应有的尊重，不要对对方的相貌、性别、年龄、职业、民族、宗教、智商、上网习惯等妄加评论。

3. 确保安全

上网时，应注意严格保守个人机密或商业秘密，不可把他人的个人隐私或商业秘密当成自己炫耀的资本加以传播。要尽量避免在网上谈及与自己所知机密相关的话题，更不可借网络这种高效的传播渠道故意泄密。配有手提电脑者，应当谨慎地保管电脑，不得随意将电脑借给别人使用，以免电脑中的机密材料外泄。为防万一，应对重要的资料采取保密措施。使用网络时，一定要防止"黑客"入侵。所谓"黑客"，即采用非法手段侵入服务器的人。

（二）上网查阅资料时的行为规范

出于工作的需要，人们往往会上网查阅一些重要的新闻或资料。一般而言，查阅资料也有一些规定。

1. 做好准备

对于自己所要查找的内容和所要登录的网站应有大致了解，并提前做好记录、下载或打印的准备。目标明确后，上网时往往就能直奔主题，而不至于在网上漫无目标地查找。

2. 提高效率

人们应当熟练地掌握、运用这些技巧和方法，从而提高效率、节约费用。对于所需要的资料，要及时下载而不宜在网上长时间浏览。

3. 自我保护

为维护自身形象、单位形象，不要以单位或部门名义在网上任意发表个人对时事的见解，尤其不能泄露商业机密、国家机密。不要随便在网上留下个人或单位的电话、个人消息，以免被骚扰。

4. 文明交流

在网上与人交流时，应确保用语的规范和文明，不得使用攻击性、侮辱性语言。此外，网络沟通拥有一整套独特的语言符号系统，人们应当对其加以了解，并谨慎使用，以免因对方不解而导致交流受阻。除了收发邮件和查阅资讯外，互联网还提供其他多种交流和沟通服务，如网上聊天、网上购物、电子公告板等。在应用这些网络资源时，也应遵守相应的礼仪规范。

三、邮件礼仪

电子邮件，即通过计算机网络在用户之间传递的信件。电子邮件是迄今为止最方便、快捷的通信方式之一。收发电子邮件，是人们应用网络进行沟通的最重要的方式。收发电子邮件应遵循的规范如下。

（1）撰写与发送。撰写电子邮件，尤其是撰写多个邮件或邮件内容较多时，应在脱机状态下撰写，并将其保存在发件箱中。然后在准备发送时再连接网络，一次性发送。在地址栏准确无误地键入对方的邮箱地址，并应简短地写上邮件主题，以使对方对所收到的信息先有所了解。在消息板上撰写时，应遵照普通信件或公文所用的格式和规则，邮件篇幅不可过长，以便收件人阅读。邮件用语要礼貌规范，以示对对方的尊重。

（2）接收与回复。接收与回复电子邮件时，应定期打开邮箱，最好每天都查看一下有无新邮件，以免遗漏或耽误重要邮件卡的阅读和回复。尽量及时回复公务邮件，凡公务邮件，一般应在收件当天予以回复，以确保信息的及时沟通。不要未经他人的同意向对方发送广告邮件。发送较大邮件需要先对其进行必要的压缩，以免占用他人信箱过多的空间。一定要尊重隐私权，不要擅自转发别人的私人邮件。

（3）保存与删除。在正常情况下，应当注意电子邮件的保存与删除，要定期整理收件箱，对不同邮件分别予以保存或删除，不可使邮箱过于拥挤。对需要保存的邮件，应当复制成其他形式，以更为安全、妥善地保留下来。要及时清理并删除毫无用处的垃圾邮件、已无实际价值的广告邮件，以及已被复制的其他文件。如果在发邮件时还另外加了"附件"，应在邮件内容里予以说明，以免对方不注意而没看到。

第三节　接待礼仪

💬 案例导入

情景模拟：产妇王佳佳，入院待产。护士李萍值班，行接待新入院患者礼仪。

模拟接待：您好！（点头礼）女士，请问有什么可以帮您？哦，您是来住院的，您请坐（近距离提示）。我是今天的值班护士李萍，您叫我小李就好，很高兴为您服务，请您把住院证给我，我好给您安排一个合适的床位。现在我们先来测个体温，量一下血压……嗯，很好，都很正常，我们再来测一下体重，请小心，慢点（近距离提示）。我给您安排的是16号床，现在我带您过去（伴随引路），16床所属房间是个两人间，比较安静，15号床的刘姐和您一样也是入院待产的，您可以和她做个伴。负责您的医生是高医生，技术很棒，一会儿她就来看您，我是您的责任护士（自我介绍），有事随时可以找我，这是我的工作牌。看，这个就是您的床位，很舒服吧？这位就是我刚才给您提到的15床的刘姐。刘姐，这位是新来的王佳佳（他人介绍），以后你俩可以做伴了。这是床头呼叫器，如果您肚子疼、见红了一定告诉我们，只要有事就按一下呼叫器，我们医护人员马上会到。在这儿住院请您尽管放心，我们会尽全力照顾好您的，祝您生个可爱健康的宝宝！感谢您的配合！

一、开关门礼仪

病房是患者治疗和休息的场所，一般来说，一间病房里往往有一名或者几名患者居住。如果随便进出，势必会对患者的治疗和休息有所打扰，这显然是不礼貌的。因此，医护人员进出病房必须先敲门，要事先征得患者同意后方能进入。而且，很小的细节却能反映出很大的问题。在医疗护理工作中，进出病房的开关门礼仪与工作是息息相关的，正确而不失礼数的开关门体现出来的是良好的医护人员的修养。

（一）开关门步骤

（1）敲门。敲门的时候要注意，用手指的中间关节轻敲三下，一重两轻，如果没有反应，应稍等片刻（3~5秒），再重复一次，得到屋内人的允许才可以开门。

敲门

（2）开门。用手握住门把手，轻轻把门推开，面向屋内反手把门轻轻关上。

开门

（3）打招呼。环视屋内所有的人，微笑。询问或者与需要治疗护理的患者进行交流沟通。

（4）退出。退出房间时，应面向患者退两步，再转身走向门口，一手关门，迅速行至门外，依旧保持面向对方，面带微笑，并配以"再见""您多保重"等话语，后退至离开房门，轻轻关门。

退出

（二）注意事项

（1）如果需要进门的不止一位，应注意先后顺序。门如果朝里开，应主动开门后侧身挡住门，礼貌地用手势示意请进；如果门是朝外拉开的，应主动打开门后，侧身站在门外用手势示意请进。

（2）通常情况下，无论是进出病房还是办公场所，开关门时都应轻推、轻拉、轻关，态度谦和，讲究顺序。如果与同级、同事一起进入，要互相谦让。走在前面的人打开门后要为后面的人拉着门，假如是不用拉的门，最后进来者应主动关门。

二、引路礼仪

在病房或是通道上，经常会遇到为他人指路或是引路的情况，作为医护人员，怎么样做才是符合礼仪规范的呢？

为他人指引道路分为三种：原地指路、伴随引路和近距离提示。

（一）原地指路

医护人员在常用站姿的基础上先行点头礼，一手自然放于体侧，另一手向上抬起，上臂与身体成75°夹角，手心向上，保持肘、腕、指尖在同一直线，手指并拢，手臂的延长线指向对方需要行进的方向。头部微侧，目光注视手指的前方，同时伴有"您好！请往这边走"等礼貌用语。

原地指路　　　　　　　　　　　近距离提示

（二）近距离提示

医护人员在常用站姿的基础上先行点头礼，一手自然放于体侧，另一手向上抬起，上臂贴近身体，手心向上，保持肘、腕、指尖在同一直线，手指并拢，手臂的延长线指向目标物体，头部微侧，目光注视手指的前方，同时伴有"您好！请坐这里/请签字"等礼貌用语。

（三）伴随引路

两人同行时以右为尊，三人同行时以中为尊，医护人员通常站在患者左前方约一手臂远的距离，目光应简短地注视患者与其交流。在遇到楼梯、拐弯、台阶等情况时，用手势和话语适时地提醒"请小心"，上下楼梯时应让患者走内圈。适用于陪同患者检查或者引导参观团体。还应注意，如果团体中有男士和女士一起上下楼梯，上楼梯时男士应走在前方，下楼梯时女士应走在前方。

注意事项：无论在何种情况下，都不能用一根手指代替整只手掌来指引。

三、电梯礼仪

现在的医院大多为高楼建筑，进出电梯时，要遵守规则，注意安全的同时也要注意礼仪。在电梯门外等候时，应站在两侧，不可正对着电梯门站立，应给出电梯的人员留出通道，不可争先恐后。电梯门即将关闭时，不要扒门或强行挤入。当电梯超载时，不要心存侥幸，硬挤进去。出入有序，进入电梯时按先来后到的顺序依次排开，从电梯里出来时则应由外而里依次而出。与尊长、女士、客人同时乘坐有人管理的电梯时，应主动后进后出；进入无人管理的电梯时，则应先进后出，应主动控制电梯，为他人服务。乘坐扶梯时，按照国际惯例，应站于右侧，留出左侧作为应急通道，若两人或者两人以上通行，应一前一后上下站立。不要在电梯上嬉笑奔跑、并排站立。

电梯礼仪

如果是带领多人进出电梯，应注意尽量站成"凹"字形，挪出空间，以便让后进入者有地方可站。医护人员应站在按键位置，最里侧的安全位置应留给尊贵的人。

四、手卫生礼仪

手卫生主要是针对医护人员在工作中存在的交叉感染的风险而采取的措施，是医院感染控制的重要手段。通过手卫生，可以有效地降低医院感染。作为医护人员，不可留长指甲，以双手举起掌心面向眼睛平行时，看不到指甲为宜。不宜涂有色指甲油，工作中也不宜佩戴戒指、指环和手链等装饰物。

（一）洗手步骤

1. 洗手

（1）在流动水下使双手充分淋湿，取适量清洁剂均匀涂抹整个手掌、手背、手指和指缝。

（2）认真揉搓双手至少40秒，具体步骤为：

第一步（内）：掌心相对，手指并拢相互揉搓。

第二步（外）：手心对手背沿指缝相互揉搓，双手交换进行。

第三步（夹）：掌心相对，双手交叉沿指缝相互揉搓。

第四步（弓）：弯曲各手指关节，半握拳将指背放于另一手掌心旋转揉搓，双手交换进行。

第五步（大）：一手握另一手大拇指旋转揉搓，双手交换进行。

第六步（立）：将五个手指尖并拢，在另一手掌心旋转揉搓，双手交换进行。

第七步（腕）：必要时增加对手腕的清洗。

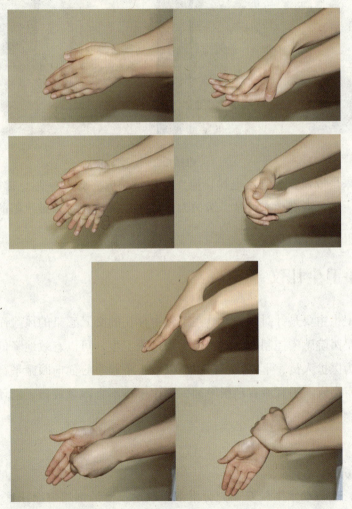

七步洗手法

（3）在流动水下彻底冲净双手，用一次性纸巾擦手或使用干手机吹干双手。

2. 使用速干手消毒剂消毒双手

取适量的速干手消毒剂于掌心，严格按照洗手的揉搓步骤进行揉搓，揉搓时保证手消毒剂完全覆盖手部皮肤，直至手部干燥。手消毒剂的取液量、揉搓时间及使用方法遵循产品的使用说明。

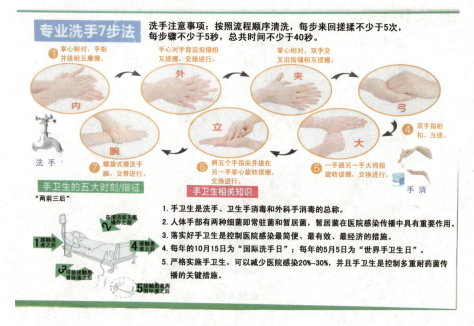

专业洗手7步法

（二）注意事项

（1）不戴假指甲，不留长指甲，保持指甲和指甲周围皮肤的清洁。

（2）手部皮肤无破损，如有破损建议戴手套。

（3）速干手消毒剂开启后应注明日期、时间，易挥发的醇类产品开瓶后的使用期不得超过30天，不易挥发的产品开瓶后使用期不得超过60天。

（4）医护人员的手无可见的污染物（如无血液、体液污染）时，可选择速干手消毒剂消毒双手。

（5）洗手时应彻底清洗容易被微生物污染的部位，如指甲、指尖、指缝、指关节等部位。

第四节　求职礼仪

📑 案例导入

　　某外企招聘一名中层管理人员，应聘者较多，有公务员、职员、大学生等。主考官问了一个问题："你们有什么缺点？""我工作过于

自信求职

投入，人家说我是工作狂。"一名学生不加思考地脱口而出。"这是你的优点，请说你的缺点。"这名学生没有觉察到考官态度上的细微变化，继续说："我是个急性子，为人古板，又好坚持原则，易得罪人。"主考官面露不悦之色，手一挥终止了问话。结果可想而知。许多人仗着聪明，往往不等招聘官把话问完，就中途插嘴，因此发生错误，这也是有失礼仪的。此学生靠隐藏在"漂亮"技巧后的虚伪去表现自己，不仅显得滑头、虚伪，而且必定惹人反感。实际上，适当地透露自己的缺点，正视自己，表现出恰当的礼仪风范，会更受人欣赏。有时诚恳而又坦率地承认自己的不足，反而会给面试者留下诚实可靠的印象。

　　当前，人才流动已经越来越频繁，自主择业、双向选择已成为许多毕业生的选择。求职者除了应具有良好的专业素质，还应掌握必要的求职礼仪规范，这对于求职的成败会起到举足轻重的作用。良好的礼仪修养是人际关系的润滑剂，无论在何时何地，礼仪规范都不可或缺。求职者在求职过程中展现出良好的礼仪修养，往往会收到事半功倍之效，从而使自己在竞争中脱颖而出。

一、求职礼仪的概念和特点

（一）求职礼仪的概念

求职礼仪是一种公共礼仪，它是求职者在求职过程中，与招聘单位的工作人员接触时应具有的仪表仪态和礼貌行为规范。在求职过程中，求职者的仪表、仪态、言谈、举止以及求职资料等方面可体现其内在素质。求职礼仪贯穿整个求职过程，求职者首先要有一种"求"的心态，即空杯心态，无论自身条件有多好，专业供求、市场需要状况对自己多有利，都不能摆出一副自负、自满的状态。心理学家奥里·欧文斯说："大多数人录用的是他们喜欢的人，而不是最能干的人。"当然，求职者虽说是"求"，但并不意味着人格低下，还是可以不卑不亢、有礼有节地表白自身专长，提出和维护自己正当的利益、要求和尊严。招聘者与求职者，彼此都应该在同一公平、公正、互相尊重的位置上互相审视、互为选择。

（二）求职礼仪的特点

1. 具有广泛性

我国作为人口大国，具有极其丰富的劳动力资源。每年都有大量的大中专院校毕业生源源不断地进入劳动力市场，在今后相当长的一段时间内，还会有越来越多的人，为了给社会做出贡献、实现自我的人生目标而需要求职。

2. 具有时机性

尽管求职者在与招聘者接触之前做了大量的准备工作，但求职结果往往取决于双方的短暂接触。尤其是面试求职，往往一个简单的照面，录用与否就可能已成定局。所以，要想在众多的应聘者中脱颖而出，抓住第一次见面的时机是至关重要的。

3. 具有目的性

招聘与应聘双方的目的都非常明确。招聘方的目的是，希望能招聘到综合能力强、整体水平高的人员。招聘者通过对求职者的仪表、言谈、行为礼仪的观察，形成第一印象，并把这些作为是否录用的重要条件。求职者的目的更为直接，希望自己的言谈、举止和行为能在短时间内给对方留下最佳的印象，从而促使求职成功。

（三）求职礼仪的种类

求职的形式根据招聘单位的工作性质、单位体制、招聘形式等可有多种类别。随着人才市场的不断拓宽、网络平台的广泛应用，招聘形式也不断创新。概括地讲，大致可分为三种形式：面试求职礼仪、书面求职礼仪、网络求职礼仪。三种形式可以单一出现，也可以综合出现。例如，一些招聘广告中，明确提出只需寄出书面个人简历，或是电子档资料，不需要现场面试；而大部分的用人单位是在审核书面材料的同时，要加以面试，面试合格后才能进行岗位职位试用。不管是何种形式的求职，正确地掌握求职礼仪，是求职成功的重要因素。

二、书面求职礼仪

最常见的求职形式就是书面求职。书面求职一般情况下是求职者向用人单位呈递"求职信"，得到用人单位回复约请后，再递交一份完整、系统地反映个人面貌的"个人履历"和"附参考资料"等。书面求职虽然只是一份写在纸上的"自我介绍"，但它能用这种无声的语言达到自我推销、自我宣传、说服招聘单位录用的目的。对于求职者而言，懂得书面求职规范显得至关重要。

（一）书面求职材料的写作要求

1. 外观整洁，格式规范

书面求职材料作为求职者首次与用人单位接触、传递个人信息的正式文件，是求职者信息真实、全面、准确的集中反映。在格式化的基础上完成相关内容的陈述时，其书写字体种类、字迹色彩、格式及书写材料的整体外观等方面均不可忽视。书写格式要大方、自然；求职信中的称谓、开头应酬语、正文、结尾应酬语、祝颂词、署名及时间等，都应合乎一般书信的写作规范，注意其结构、层次、顺序和书写格式。用的纸张材质、笔墨颜色等也要体现应有的礼节礼貌。信纸要选用白色、质地优良的纸张，避免色彩娇柔或印有卡通图案的信纸，或是印有其他单位署名的信纸；笔墨应以黑色、蓝色为宜，不要用圆珠笔、彩色笔，以免让人觉得不严肃，而红色笔书写或打印意味着绝交，应禁止使用。尽量做到整个版面看上去整洁、庄重、大方。

2. 字迹工整，词句精练

书面求职材料主要靠文字来表达求职者信息的主体内容，要求文字的表述不仅要让人看懂，还要让人看着赏心悦目、心情舒快。这也是直接体现求职者内在水平，以及懂礼节、尊重他人美德的方式之一。书面求职材料要求做到字迹工整、清晰，用词规范，禁止有错、漏字，严禁涂改，以免给人留下不严肃、不踏实、马虎大意、不尊重他人的不良印象。书面求职材料中的词句要准确、通顺，条理要清晰、简洁，符合逻辑，避免拖沓冗长乏味的叙述。书写时不要矫揉造作，故意堆积华丽的辞藻，给人留下一种浮夸的印象。

3. 实事求是，真诚取信

书面求职材料是自我能力展示的一种形式。招聘单位通过阅读材料，可以获得求职者能做什么、为什么能做、会以什么方式做等方面的信息。所以，求职信一定要提供令人信服的事实依据，要真实地概括个人的基本情况、学历、资历、综合特长和求职动机，重点强调自己的优点和强项，至于自己的不足，可在适当的时机稍稍带过。但千万不要把自己吹成无所不能的求职者，不要过分夸大、吹嘘，以免给招聘单位留下自大、自我标榜、不谦虚的印象。

（二）求职信的写作方法

求职信是个人求职意愿的直接反映，虽然没有十分严格的格式，但一般都由开头、主体和结尾三部分组成。

1. 开头部分

说明写信的目的，一般包括称呼语、问候语、求职缘由和自身意愿等。称呼语是用人单位全称，问候语一般写"您好"。求职缘由和意愿要根据具体情况而定。如果是看到用人单位的招聘信息而应聘的，称之为"应征性求职"。该类求职信可根据用人单位的招聘广告来写，应该首先说明是在什么地方看到了单位的招聘广告，然后说出对该工作的兴趣，并肯定自己能满足招聘广告所提出的各项要求。如果没有以上原因，而直接向用人单位申请者，称之为"申请性求职"。申请性求职信开头可直接写该求职信的具体目的，表明自己想寻找什么样的工作、自己所具备的从事该项工作的知识能力和技能水平。撰写开头部分时要注意一些写作技巧，以便在开头部分就能吸引目标单位的注意力。

常见求职信开头部分的书写方法有以下两种：

（1）赞扬目标单位近期取得的成绩或发生的重大变化，同时表明自己渴望加入的迫切心声。如果能在其中提及一两位使目标单位敬仰的人，便更能引起对方的注意，产生共鸣。

（2）根据目标要求的技能，表述自己的工作能力和特长，以表明自己有足够的能力做好此项工作。

2. 主体部分

这是求职信的主要部分，需要详细阐述求职者的资格和能力，重点概述自己对于胜任目标工作所具有的知识和技能。内容主要包括：求职资格、工作经验、相关社会经历和个人素质（包括个人在外界获得的中肯口碑）等。另外，如果目标单位在招聘时要求写明薪金待遇，作为求职者，可以在这部分提出对薪金的要求。关于薪金问题，求职者一定要做到心中有数。薪金要求过高，会把对方吓跑；薪金要求过低，又有"自身微不足道"之嫌。薪金的数目应该根据自身能力、当前市场、专业行情而定。最后，应该要提及一下求职者的个人简历，提醒对方查阅附加资料，以进一步引起目标单位对求职者的注意。

3. 结尾部分

这部分往往请求对方给予面谈机会。写作口气要自然、诚恳，切不可强人所难。下面是求职信示例。

　　××护理部主任：

　　您好！

　　前几天从贵单位人事部门获悉贵医院护理部招聘专科学历护理人员的信息。本人不揣冒昧，写此信求职，望您在百忙之中能收阅资料，予以考虑。

　　本人就读于××大学护理专业，应届毕业生。在校期间，系统学习了医学基础知识、护理基础知识和护理临床知识，特别是学习了有关现代护理学的专业知识，如护理礼仪、护理专业美语、护理管理学、护理科研、社区护理、护理评估等课程。学习成绩优秀，曾连续三年获得校级一等奖学金。现计算机已通过全国计算机二级考试，英语已达到大学英语四级水平。

　　在××医院实习的一年中，本人积累了一定的临床工作经验，树立了正确的职业价值观，培养了良好的人际沟通能力和团队协作精神。如果我有幸加入了贵医院，我将在您的领导下，努力提升自我，和大家一起为提高医院的护理质量，竭尽全力做好工作。我的个人简历与相关材料一并附上，诚望您能给我面试的机会。谢谢！

　　敬礼

　　　　　　　　　　　　　　　　　　求职人：×××

　　　　　　　　　　　　　　　20××年××月××日

（三）个人简历的写作方法

个人简历的书写要尽可能做到格式化。格式化书写，一方面有助于强调个人简历的重点，使材料简洁明了，具有较强的说服力；另一方面也可以有效避免内容的遗漏。个人简历一般包括三个主要部分：介绍个人情况；说明本人求职目标、资格和能力；附加参考性资料。

1. 介绍个人情况

这一部分是把自己的基本情况做以简单介绍，用一目了然的格式、简洁的语言说明个人的基本情况，主要包括：姓名、性别、政治面貌、民族、籍贯、最高学历、通信地址、联系方式，以及求职资质和社会工作经历等。撰写时要注意以下几方面：

（1）姓名。必须和其他相关资料和证件（如身份证、学生证、毕业证等）相吻合，文字保持一致，以免引起招聘单位的误解和不必要的麻烦。如有曾用名，也要一并写明。

（2）性别。该项目不要忽略，要及时填写。

（3）年龄。注意要和身份证、以往档案资料的年龄相符。

（4）联系方式。一定要填写在对方工作时间内最容易找到自己的方式。目前一般填写内容多为电话号码或电子邮箱。如果填写的是电话，最好填写自己随身携带的手机的号码；如果是邮箱，求职者一定要经常打开邮箱查阅，及时回复，以免错失良好机会。另外，通信地址一定要详细填写，以免耽误后续的应聘环节。

（5）照片。个人简历一般都要求应聘者附贴免冠照一张。照片应为近期照，并能体现出求职者的端庄大方。切不可随手贴上一张学生照或生活照，会令招聘者无法正确辨别求职者当前的直观状态，同时也会给人留下一种不严肃、办事马虎的印象。

2. 说明本人求职目标，陈述求职资格和能力

（1）求职目标。求职目标是指求职者希望谋求到的工作岗位。该项内容可以用一两句简短、清晰的话来说明。求职目标要尽可能体现自己在该方面的优势和特长，尽可能把选择目标陈述到具体科室或部门，以增加被录用的机会。如写"本人性格外向，具有良好的人际交往和有效沟通的能力，能胜任贵体检中心的市场开拓工作"，就比"本人有较强的综合素质和能力，可以胜任多方面工作"更具体、更有针对性，也更有助于招聘单位进行筛选和斟酌安排工作。

（2）求职资格和工作能力。这是个人简历的重要组成部分，该部分陈述语气要积极、坚定、中肯，具有相当强的说服力。可以适当地列举一些自身事例，"例如本人在校兼任学生会主席期间，曾带队参加'全国大学生辩论赛'，荣获团体二等奖和个人最具潜质辩手奖"，事例真实有依据。其中学历、工作经历及相关资料信息是这部分的主要内容。

如果是应届毕业生，受教育的经历就是主要优势，应该详细进行以下陈述：一是按照时间顺序，逐一列出自初中到目前最后学历每一阶段学习的起止日期、学校名称、所学专业、各阶段证明人、是否曾经担任学生干部等；二是要特别醒目地列出与目标单位所招聘的岗位、专业、能力或要求相关的各种教育、训练及所取得的成绩；三是要标明或列出在上学期间获得的各项奖励和荣誉。另外，对于一些比较注重实践经历的招聘单位，一定要将上学期间的实习、兼职或社会实践经历等一一列出。对于一名学生而言，在校期间参加或组织的各项社会活动，无疑是一笔相当宝贵的财富。它可以表明自身的组织协调能力、沟通交际能力、创新思维能力等综合素质。写好这一部分，充分而又得体地表现自己，无疑会为求职的成功助一臂之力。

如果是再就业，以往的工作经历则是求职的主要优势，因此对工作经历的陈述就要作为重点。陈述经历一定要真实全面，按时间顺序把每一阶段的工作情况列出，包括工作单位、工作起止时间、工作部门、具体工作岗位、所取得的成绩等。填写时要注意以下几方面：

① 工作单位。一般情况下要详实填写，如果不方便透露，可仅说明目前工作单位的性质，如"省级中学""广告公司"等。

② 工作部门。要说明具体的工作性质、职务和职责。不要过于笼统，也不要过分把自己的重要性描述得远远超过实际情况，以免有浮夸之嫌。

③ 工作成绩。最能展示个人能力的莫过于工作当中所取得的成绩和荣誉。这一部分也是用人单位最为看重的。所以，表述时一定要注意表述有力。

④ 如果有其他特长，在介绍该特长时，一定要注意将该特长与招聘目标联系起来，并说明该特长与目标工作的关系和作用。这样也能增加被录用的机会。

3. 附参考性资料

为增加简历的真实性和可信性，可在结尾附上有助于求职成功的相关证件和资料。例如：

（1）毕业证。这是求职者多年来辛勤耕耘的最好证明，也是求职者文化水平最有力的文本载体。

（2）有关证件。包括各种奖励证书、英语水平证书、计算机等级证书、各种技能水平测试证书、资格证、培训证等。这些都是求职者综合素质的体现，有助于求职成功。

（3）学术成就。特别是对与目标工作相关的代表性学术资料进行展示。如科研成果、专利证书、设计作品、发表的论文、撰写的论著等。

（4）主要的社会活动及兼职聘书等。

（5）如果有知名专家、教授、权威人士或原单位领导的推荐信，则会达到事半功倍的效果。

三、面试求职礼仪

接到招聘单位的面试邀请，说明求职者初选合格，已在求职的旅途中迈开了成功的第一步。面对面地交流是求职者在求职的过程中一个富有技巧的环节，它将求职者的能力、素质、形象和个性等综合地展现在用人单位的招聘者面前。要在较短的面试时间里更充分地展示自我，就需要应聘者在面试前做好充分的准备。面试过程中简洁对答、机智灵活的反应、充分自信的展示、得体大方的举止等，都将为求职成功打下基础。

（一）面试前的准备

1. 做好心理准备

求职面试时，大多数人都会有忐忑不安、不知所措的心理状态。如果面试前做好充分的心理准备，可以缓解面试时的心理压力，有助于面试成功。应聘者在面试前可采取以下方式来缓解面试时的心理压力。

（1）了解自我。面试时间一般都比较短，如何充分利用有限的时间给招聘者留下积极、肯定而又深刻的印象，就显得尤为重要。人贵有自知之明，不仅要知道自己的长处和优点，还要了解自己的不足。面试前可以把自己的优点和不足一一列举出来，并写在纸上。面试时对于自己的长处要尽量发挥好，而缺点则要在面试中加以注意，做到扬长避短。

（2）充满自信。自信是求职者面试前必备的心理素质。对于自卑而又胆怯者，在紧张而又短暂的面试过程中，做到举止大方这一礼仪要求是很困难的。因此，应聘者在面试前应熟记自己的各种资格和能力，可以反复大声朗读，或者在熟人、朋友面前多次陈述，直到把所有的内容倒背如流，能够轻松自如地谈论自己为止。还可以通过随时提醒自己，该目标岗位对于自己的重要性，从而来强调自己求职的迫切心态。最后，提醒自己不要随便否定自身，这次求职不成功，下次还可以继续努力。

（3）提前熟悉面试环境。如有可能，事先到即将面试的地点看看，以熟悉环境，这样可以缓解面试时的紧张情绪。

2. 保持良好的身体状态

健康的体魄既是体现个人全面发展的一个重要标志，也是学习和工作的个人必要条件。因此，求职者平时就要养成良好的卫生习惯和健康的生活方式，积极参加体育锻炼，保持良好的身体素质和健康的体魄，从而在面试时给招聘单位一种精力充沛、健康向上的感觉，提高被录用的成功率。

3. 培养自身扎实的专业基础

这不仅是面试前应注意准备的内容，同时也是学生在校学习期间应该不断努力的方向。学生在校期间应发奋学习，培养刻苦钻研、精益求精的学术作风，注重技巧训练，力求掌握多种实用技能，从而在应聘时给人以较好的专业素质形象。

4. 适当了解招聘单位的情况

俗话说："知己知彼，百战不殆。"求职者在求职之前不但对自己应有一个全新的认识，还要了解目标单位的一些情况。有些面试者认为，求职者想要让招聘单位满意，首先必须了解招聘单位的一些情况，了解招聘单位到底需要什么样的员工。这样，面试者才会对求职者做进一步的考察和选择。面试前需要了解的有效信息大致包括3个方面：

（1）用人单位的信息。主要包括单位的性质、规模、品牌、效益、发展前景、招聘岗位、招聘人数等。

（2）用人条件的信息。包括对招聘人员的性别、年龄、学历、阅历、专业、技能、护理礼仪与人际沟通表达方面的要求。

（3）用人待遇的信息。包括工资、福利、待遇（奖金、补贴、假期、住房、医疗、保险等）方面的具体要求和限制。了解招聘单位的途径非常多，如与招聘单位的现有工作人员谈话，利用图书馆查阅相关资料，在官方网站上查询信息等。

5. 面试时的着装与仪容的准备

面试时间一般都比较短，若想在较短的时间内给招聘单位留下一个良好的印象，求职者的仪容仪表起到非常重要的作用。人际认知理论认为，交往双方初次接触时，面试者的仪容仪表对交往双方彼此印象的形成起到90%的作用。因此，在面试前，求职者一定要注重自己面试服装与仪容的准备，以给招聘单位留下良好的印象。

（1）着装。面试者服装要合体，讲究搭配，展现出正统而不呆板、活泼而不轻浮的气质。面试着装要遵循"朴素典雅"的原则。男性以穿着深色或色调反差较小、款式稳健的套装西服为宜，配以整洁的衬衫和同一色系的领带。如天气较热，也可只穿衬衣，面料以棉、麻、精纺或混纺为宜，色调以柔和为佳。最好着黑色的正装皮鞋，皮鞋要擦亮，鞋带要系紧，严禁穿无包头、包尾的凉鞋、拖鞋和跑鞋。较好的面试着装是深蓝色西装、白色衬衫、深色裤子、黑色皮鞋，领带的图案和色泽不可太过招摇，以串色、条纹、圆点等为宜，领带要打端正。女士以穿着朴素、得体的裙装或套装为宜。天气冷时，西装或短外套比较合适，冬装也要选择简洁端庄的，不要穿运动装、牛仔装、T恤、透明的纱质或轻薄面料的服装，以免给人不庄重的感觉。鞋子应该以不露脚趾的中跟皮鞋为宜，若着裙装应配以与肤色相近的连裤丝袜。有时在面试时护生会被要求穿护士服，穿着护士服时一定要严格遵循护士服的着装要求。

（2）仪容。男士应保持头发清爽、干净、卫生、整齐。发型宜简单、朴素，鬓角要短，一般以庄重大方的短发为主。要求前不过眉、侧不遮耳、后不及领，还要注意刮净胡须。中国的习俗一般不提倡男士涂脂抹粉和使用香水。此外，还要注意一些小的细节，如不要有头屑散落，指甲不宜过长、过脏，袖口、衣领不要发黑、发黄等。女士要保持端庄、干净的形象，发型以端庄、简约、典雅为宗旨，避免滥用饰物。如果必须使用发卡之类的饰物，应遵循朴实无华的原则，选择蓝色、黑色、棕色等较深的颜色。女性的颜面修饰在面试时显得尤为重要。颜面修饰不仅包含了自尊自爱的含义，更是对交往对象尊重的外在表现形式。女士的颜面修饰，应以表现年轻女性的特质为佳。素面朝天，给人以不拘小节甚至懒散的感觉；而浓妆艳抹，则给人以过分招摇和落俗的感觉。所以，颜面修饰要清新、素雅，色彩和线条的运用都要宁淡勿浓、恰到好处。香水的选择要与气质相符，味道宜淡雅，闻上去给人以舒适的感觉。指甲修剪要得体，长度适中，最好不用彩色指甲油。从饰物上看，佩戴一块手表、一枚戒指即可，不需过多昂贵饰物。女性可以佩戴款式简单的丝巾或披肩、精致的手链或项链稍作点缀。面试时，求职者和面试者之间往往距离较近，因此求职者面试前一定要沐浴，确保体味清新，以免因不注意个人卫生、身体散发出异味而引起面试者的反感。此外，面试者还要注意口腔卫生，面试前不要食用大蒜、韭菜等带有强烈异味的食物，以免异味引起面试者的不悦情绪。可用清新剂或咀嚼口香糖来减少口腔异味，但要避免与人交谈时当面咀嚼口香糖。面试中握手、呈递个人资料等均要使用双手，所以要注意双手的清洁，指甲要修剪合适。

（二）面试中的礼仪和沟通

在招聘、应聘过程中，求职面试是其中极其重要的环节。它既是招聘考核的最后一关，也是求职成功与否最具决定性的一关。注意遵循面试中的礼仪，能够更好地帮助求职者抓住面试机会，以最快的速度实现就业理想。

1. 注重仪表举止，树立美好形象

面试时，面试者得体的仪表举止、高雅的谈吐，能体现其良好的文化修养、精神面貌、审美情趣和性格特征，有助于在招聘者面前建立良好的第一印象。因此，毕业生在求职面试前，一定要精心设计自己的仪表形象，仪表修饰应做到整洁、庄重、正规。面试时，面试者的举止应遵循自然潇洒、大方得体、文明礼貌、优雅动人的原则。另外，在面试过程中，求职者的语言、语音、语气、语调、语速一定要规范；尽量讲一口流利、标准的普通话，避免用方言和口头语；要把握好言谈的内容，不要有过多重复的语言。求职者的言谈应遵循礼貌、标准、连贯、简洁的原则。

2. 遵守应试礼仪

（1）按时守信。守时既是一种美德，也是一个人良好素质和修养的表

现。所以，准时到达面试地点是最基本的礼仪。迟到会给人以言而无信、缺乏责任心、我行我素、无组织无纪律的印象；过早到达招聘地点，又会给人以很焦急而不自在、不自信的感觉。因为不可控的客观原因或某些特殊原因无法准时到场时，应及早通知面试方并表示歉意。一旦迟到，应主动陈述原因，致歉要诚恳。最佳方式是：为防止迟到，求职者提前 10 ~ 20 分钟到达面试地点附近，到面试时间再进入面试地点，这样一来可以避免迟到，二来可以稍作休息以稳定情绪。

（2）对接待人员要以礼相待。对候试室或面试室门口的接待员要以礼相待，注意细节，恰当地表达礼貌，多使用"您好""请""谢谢"等礼貌用语。在等待时不要旁若无人、随心所欲。对接待员熟视无睹，往往会给人留下极其恶劣的印象。对接待员的询问应礼貌地予以回答，但也不可贸然与之闲聊，以免妨碍他人工作，引起不满。切记！求职面试时，应该注意给所有人都留下好印象。手机应关机或自觉调成静音状态。

（3）进入面试室时要先敲门。被请入面试室后，首先要礼貌地敲门，待回应准入后方可进入。即使房门虚掩或处于开放状态，也应轻轻叩击以示进入。得到准许后，方可轻轻推门而入，然后转身将门轻轻关好。

（4）主动向面试人员问好。进门后，求职者应主动向面试者微笑并点头致意，礼貌问候，如使用"您好""很高兴见到您"之类的话语。对求职者而言，不主动向面试官打招呼或者对对方的问候不予回答，都是失礼的行为。

（5）必要时要行握手礼。与面试者主动打招呼后，有可能面试者会首先伸手行握手礼，求职者此时应积极相迎，礼貌地回握。一般情况下，如果面试者没有主动握手，求职者不宜主动行握手礼，除非求职者为女性，主动握手可以显示女士的大方和友好。

（6）对方说"请坐"时再入座。在面试者没有请求职者入座前，求职者尽量不要自己主动落座；否则会被视为傲慢无礼。入座前，应表示感谢，并坐在指定的座位上。如果没有指定的座位，应挑选一个与面试者面对面的座位，以便于交谈。另外，要特别注意采取正确的坐姿。当面试者与求职者谈话时，求职者必须采取身体略前倾的姿势，以示求职者在认真倾听他人谈话，这也是尊重对方的交谈技巧之一。当然，如果是异性之间的交谈，不宜过分拉近距离，以免使人产生不庄重或轻浮的误解。

（7）自我介绍的礼仪。自我介绍是求职面试中相互了解的基本方式。求职者做自我介绍时，应注意：一是准备充分。应事先把自我介绍的讲稿准备好，并烂熟于心。同时还要结合演讲技巧，使面试者听来既有深刻的印象，又能感受到轻松自然的氛围。二是充满自信，举止大方。自我介绍时，要充满自信、落落大方、态度诚恳。三是语言幽默，生动自然。介绍过程中，适时地使用幽默的语言，能缓解面试时的紧张气氛，并能加深留给面试者的印象。四是注意自尊和自谦。自我介绍时，切勿表现出得意洋洋、目光咄咄逼人的神态，以免给人一种不可一世、傲慢自大、目中无人的形象。五是内容有针对性。自我介绍的内容要言之有物，要有针对性地重点介绍与应聘岗位相关的内容，切忌大话、空话，以免令面试者反感。

3. 面试交谈中的礼仪和沟通

通过面试的交流，可以使面试者感受到求职者的基本素质和业务水平，并由此决定是否录用，因此遵循面试中的交谈礼仪是非常重要的。

（1）自谦有礼。谈话过程中，要注意语气平和、语调适中、语言文明；必要时，可以适当使用专业术语，让面试者感到求职者具有良好的专业素质和个人修养。对于不懂或不清楚的问题，不要不懂装懂，"知之为知之，不知为不知"，坦诚相对为上策，可以给面试者留下诚实可靠的印象。

（2）文雅大方。回答面试者问题时，要从容镇定、有问必答、温文尔雅、谦虚诚恳。对于一时答不出的问题，不要默不作声，可以复述问题，让大脑思维缓冲一下，同时迅速搜集答案。如果确实找不到答案，先回答自己所了解的，然后坦率承认其中一些问题自己还没有经过认真思考，会后续关注。在这种时刻，面试者关注的并不是问题本身的答案，而是求职者解决问题的过程。

（3）仔细倾听。注意倾听是语言沟通中的技巧之一。面试中，当面试者提问或介绍情况时，求职者应抓住对方讲话的内容仔细聆听。求职者应用目光注视面试者，以示专注。还可以配合点头礼、微笑礼，或者巧妙地插入简单的话语（如"是的""对""您说得对"等），赢得面试者的好感。这样可以提高对方的谈话兴趣，从而使自己获得更多的信息，有助于面试在和谐、融洽的氛围中进行。注意千万不要在面试者发言时贸然打断其说话，而失礼于人。

（4）善于思考。在回答面试者提出的问题前，求职人员要在自己的脑海里梳理一下思路，稍加思考再回答。如果有些问题还没有想清楚，就绕开该话题不说或者少说，切忌信口开河、夸夸其谈、文不对题、词不达意，这些都会给人一种缺乏涵养的感觉。尤其是当面试者要求求职者就某个问题发表个人见解时，就更应该慎重。

（5）突出重点。回答面试者提出的问题时要突出重点，对于用人单位感兴趣的话题可以多讲，不感兴趣的话题少讲或者不讲；简单的问题边问边答，复杂的问题边思考边回答，使面试官感觉到求职者既反应灵敏又很有思想。

4. 告别礼仪与沟通

（1）适时结束。一般情况下，面试没有明确的时间限制；但应聘者必须知道，面试其实是根据不同情况设定有一定时间限定的。交谈时间过短，不足以展示自我能力；时间过长，又易造成面试者的疲惫甚至反感。所以，为了在有限的时间内提供有效的信息，面试前应聘者应想好交谈的话题，把必须说的问题简洁、有力地交代完毕后，便可准备结束。特别是当面试者说"你的情况我们已经了解了，今天就到这里吧""谢谢你对我们工作的支持""谢谢你对我们单位的关心"等，应聘者就应该意会，即可站立起身，结束发言，露出微笑，握手道谢或点头致意，然后离开，给面试者留下一个积极良好的印象。

（2）保持风度。求职者在面试的整个过程中都应该保持镇定、平和的情绪，特别是在获知失败的结果后，更应该注意自身的涵养与风度，控制好自己的情绪，不要表现出灰心和沮丧。求职者仍应面带微笑，与对方握手告别，保持最后的礼节，做到善始善终。有些时候，或许会因为求职者最后的礼节打动面试者，而扭转了面试结局。所以说，面试中的每个阶段都有可能改变应聘结果。

（3）礼貌告别。面试结束后，无论结果如何、有无希望录用，求职者告辞时都应向对方诚挚道谢。这既是礼仪的要求，也是体现求职者的真诚和修养的最后机会，对于最终被录用也会起到一定的作用。

（三）面试后的礼仪和沟通

求职者一般非常注重面试前和面试中的礼仪规范，而对于面试后的礼仪要求，往往不会太在意。一般而言，面试结束一两天之内，求职者可以向曾经面试过的单位发一封致谢函。致谢函要简洁明了，一般不超过一页纸。此种做法一方面可以表示求职者的谢意，体现对对方的尊重；另一方面也可以重申自己对该工作的渴望和能够胜任该工作的能力，并表示为了该单位的发展会尽其所能。这样的致谢函会使对方加深对求职者的印象，增加其竞争力。总之，求职过程中遵循相应的礼仪规范，可以帮助求职者增加求职成功的机会，因此一定要重视学习相应的求职礼仪规范。

📝 延伸阅读

［1］ 史瑞芬.护理人际学［M］.4 版.北京:人民军医出版社,2013.

［2］ 袁涤非.商务礼仪实用教程［M］.北京:高等教育出版社,2016.

第 ④ 章

医护言谈礼仪与沟通技巧

　　言谈不仅是医护工作中最重要的沟通手段，也是一门艺术。一位成功者必定会在言谈中闪烁真知灼见，给人以深邃、睿智、博学、优雅、得体之感。刘勰曾在《文心雕龙》中指出："一人之辩，重于九鼎之宝；三寸之舌，强于百万之师。"美国著名教育家、演讲家戴尔·卡耐基更是认为："一个人的成功只有15%归结于他的专业知识，还有85%归于他表达思想、领导他人及唤起他人热情的能力。"言谈与沟通作为一门艺术，是个人礼仪重要的组成部分。医护言谈与沟通更是一门艺术，良好的语言交流、有效的沟通可以搭建医患之间信任的桥梁，让彼此获得尊重，从而达到"和""乐"的理想境界。所以，了解言谈的基本要求，选择合适的谈话内容，掌握言语表达的基本技巧，掌握沟通原则与技能技巧，才能在当前医患关系紧张、矛盾重重的医疗现状中开辟一片新天地，构建和谐的医患关系，实现医者、患者、政府部门三方满意的美好愿景。

第一节　言谈礼仪

案例导入

2017 年 12 月 8 日晚，通山县一名患儿家属在医院打护士的视频在网上播出，迅速引发网友强烈关注。10 日，湖北日报全媒体记者从通山县委获悉，打人者系该县城管局局长徐某的妻子房某。事情发生次日，通山县委已免去徐某城管局局长职务。10 日，通山县公安局决定，对打人者房某行政拘留 12 天、罚款 500 元。被打的朱护士怀有身孕，被打后出现先兆流产迹象。后情况稳定，胎儿已保住。

朱护士 8 日中午在通山县人民医院输液大厅值班，她负责给房某带的小男孩输液。看到要打针，患儿非常紧张，手不停地动，扎针非常困难，她便对患儿说："配合点，阿姨很忙的。"谁知这句话惹怒了患儿的母亲。据朱护士讲，房某当即指责说她态度不好，怎么这样对待孩子。半小时后，房某叫护士拔针时，朱护士看到患儿的手不停地动，便请房某帮忙按紧。由于小孩打针时手掌上绑了护板，撕胶带时可能扯疼了，患儿叫了一声，这引来房某的不满。其后房某一直骂朱护士，并一脚踢去，正中朱护士的小腹，将朱护士踢倒在地。朱护士称，患儿正好站在两人中间，她将患儿往旁边一拨，欲站起与房某理论。房某便说朱护士打孩子，一把抓住她的头发往地上摁。两人随后互抓在一起。听到叫喊声，附近的医护人员赶紧跑来拉劝，直到医生说朱护士怀孕后，房某才松手。朱护士怀孕 43 天，被踢了一脚后当即感觉肚子疼，后经检查已有流血现象，经医生判断是先兆流产迹象。此外，其腹部、头皮有软组织挫伤，目前经救治情况稳定。

事情发生当日下午，徐某带着房某到病房看望了朱护士。据通山县相关部门及朱护士家属介绍，在看望过程中，徐某的某些言语不当，他说"作为服务人员，受点委屈也是应该的"，这样一说更引来朱护士家属的反感。

这个事件的结果：两败俱伤，没有赢家。打人的这一方，丈夫被免职，妻子被拘留。被打的这一方，38 岁的二胎妈妈好不容易怀孕，还不知道孩子能不能保住。我们来分析整个事件。首先，打人是不对的，有话好好说。是什么造成了现在的局面？医护人员不是社会学家，不是大法官，只是救死扶伤的医务人员。他们也只是守法安分的公民，只想凭他们的技术和劳动赚取属于他们的报酬。可是，越来越紧张、恶化的医患关系，越来越黑白难分的社会舆论，让医护人员心惊胆战。仔细看了这条新闻，可以看到两个细节：一个是那名朱护士对孩子说"配合点，阿姨很忙的"，大家觉得这句话有没有问题？第二个是那名城管局的徐局长去看望朱护士，道歉的话没有，还说了一句"作为服务人员，受点委屈是应该的"。第一句话，也没错，阿姨是很忙，因为那天中午来打针的孩子特别多，但是对一个还没有是非观念的孩子说这话，他不会理解你有多忙，他只知道他害怕打针，打针很疼。而旁边的母亲爱子心切，让他的孩子来体谅护士的难处，那更是不可能。所以，这位母亲第一次表达了她的不满，说护士态度不好。如果这名朱护士不是从自己的立场出发表明工作很忙，而是从小朋友的心理出发，安慰他说阿姨会轻轻的，然后主动争取孩子妈妈的协助，是不是结果就会不一样？第二句话，"作为服务人员，受点委屈也是应该的"，相信所有听过这句话的人都会气愤，凭什么啊？服务人员也是按劳取酬，也没有不劳而获，凭什么就要受委屈？这位局长也该被免职，有这样思想的人也不配当人民的公仆。但是，他还是说出了一个真相，服务人员在现实生活中就要比其他人多承受一些委屈，因为被服务者的需求往往超出了服务人员的预期值。

在医院，医护人员都是持证上岗，是最好的医疗健康护理的提供者。他们应该既是"工程师"，又是"艺术家"。"工程师"可以发现问题，然后运用技术手段来解决它。多亏了"工程师"，患者们从CT扫描微创外科和电脑辅助精确治疗中受益。工程技术方法极大地帮助了患者，并且拯救了很多生命。作为"艺术家"，医生理解患者何时需要一个温暖的微笑、一句鼓励的话语，或是一个真诚的拥抱。正是"艺术家"让每一名患者都感到了温暖、舒适、安全和希望。"艺术家"能够洞察患者的焦虑，并鼓励年轻的妈妈不用担心发烧的宝贝；"艺术家"们会倾听中年患者关于屡次戒烟失败的烦恼和沮丧；"艺术家"还会帮助患者及其家人正确地面对生命的最后时刻。

一、言谈的基本要求

（一）态度谦虚诚恳

谦虚是一种美德，是人类高尚的品质，古往今来，人们给予它崇高的赞美。古希腊哲学家苏格拉底曾说："谦虚是藏于土中甜美的根，所有崇高的美德由此发芽生长。"我国也有"谦受益，满招损"的古训。在言谈中，谦虚本身就是一种"礼"的表现。

只有在交谈中谦虚礼让、少说多听、先听后说，才能赢得对方的好感，给人以诚恳、谦虚、可以信赖、可以合作的印象。因此，在陈述自己的意见和观点时，不妨多使用"我个人觉得怎样怎样""以我之见""似乎""好像怎样"等表达方式，可以让对方更容易接受。美国著名政治家、科学家、杰出的外交家及发明家富兰克林避免抗拒的沟通技巧便是："寻找推动任何可能引起争论的事情时，我总是以最温和的方式表达自己的观点，从来不使用绝对确定或不容许怀疑的字眼，而代之以下列说法：据我了解，事情是这样；如果我没有记错，我想事情是这样；我猜想事情是不是该这样；就我看来，事情是不是该如此。像这样对自己的看法没多大把握的表达习惯，多年来使我推动许多棘手的问题一帆风顺。"

那么，怎样才能在不同的社交场合、不同的环境、不同的氛围下妥善地用言语表达自己谦虚诚恳的态度呢？

1. 转移对象，巧妙分散注意力

当受到表扬和赞美时，如果你感到窘迫的话，不妨想办法转移人们的注意力，把表扬和赞美"嫁接"到别人身上。如当别人夸奖你某方面的巨大成就时，你不妨说："我哪有这么大的本事，是我的团队太优秀，我们单位给我的平台太好，天时、地利、人和呀！"也许话题就会很巧妙地转移到你的团队、你的单位，这样既为自己解了围，又不失时机地突出了你的同事，表现出你的团队意识、大局观念。

任何称赞和夸奖都不可能毫无缘由，或是因为某件事，或是因为某方面像绘画一样轻描淡写地勾勒一笔，则有四两拨千斤的效果。当牛顿被朋友称为伟人时，他谦虚而真诚地说："不要那么说，我不知道世人怎么看我，不过，我自己觉得好像一个孩子在海滨玩耍的时候，偶尔捡到了几只光亮的贝壳。对于真正的知识大海，我还没有发现呢。"牛顿把知识看成大海，把自己的成就看成几只贝壳，而且说得十分轻松，似乎他的成就连一个孩子都能取得，这就形象地表现了谦虚的精神，而且极富情趣。

2. 保持谦逊，获取他人肯定

面对别人的称赞，如果把自己说得一无是处，不但不能表现出谦虚，反倒给人一种傲慢的感觉。正如俗话所说："谦虚过度等于骄傲。"现实生活中，类似这样的事屡见不鲜。比如，有人称赞某演员演技高超，她竟不屑一顾地说："这算啥！"言外之意，她的真本领还没有拿出来。相反，有人在称赞鲁迅先生是天才时，鲁迅先生说："哪有什么天才，我是把别人喝咖啡的时间都用在工作上。"鲁迅先生否认自己是天才，但却肯定自己珍惜时间这一优点，给人一种实实在在的感受。

3. 巧设比喻，妙用诙谐幽默

直言谦虚固然可贵，但弄不好会给人一种虚假的感觉，特别是两个人之间，如果仅仅说"你比我强多了"这类的话，容易产生嘲讽、揶揄之嫌。遇到这种情形，不妨用比喻的方式，巧妙地表达自己的谦虚。一天，郭沫若和茅盾两位文学大师相遇了，他俩谈得非常愉快，话题很快转到鲁迅先生身上，郭沫若诙谐地说："鲁迅先生愿做一头为人民服务的'牛'"，我呢？愿做这头牛的尾巴，为人民服务的'牛尾巴'。"听说郭老愿做"牛尾巴"，茅盾笑着说："那我就做'牛尾巴'的毛吧！它可以帮助牛把吸血的'大头苍蝇'和'蚊子'扫掉。"郭沫若看着茅盾说："你太谦虚了。"这两位文学巨匠围绕着鲁迅先生"牛"的比喻，充分展开联想，一个自喻为牛尾巴，一个自喻为牛尾巴上的毛，生动形象地表现出了两位大师谦虚博大的胸怀。

（二）表情亲切自然

谈话的目的是向人传递感情，在言谈中表情对传递感情十分关键。同情还是嘲笑？喜欢还是厌恶？信任还是怀疑？理解还是排斥？这一切都能从表情中找到答案，而无须言语。所以，谈话时表情要亲切、自然，让人感到一种亲和力，可尝试以下的做法。

1. 交谈时眼睛看着对方，但不是盯视

首先，交谈时眼睛要看着对方。俗话说，眼睛是心灵的窗户。在某种情况下，一个眼神是最佳的辅助方法，它能抵得上千言万语。使用眼神时，视线的方向、注视的频率以及目光接触的时间长短都要适度。长时间盯着对方的眼睛看，会让对方不自在。因此，除了关系非常亲近的人之外，一般连续注视对方的时间应在几秒钟以内，否则会引起对方的反感和不安。若下级对上级谈话，注视对方的时间可适当延长一些，因为这是一种信任和尊敬的表示。

2. 一视同仁，照顾所有交谈者

同时与很多人一起交谈时，不要只盯着一两个熟悉的人交流，眼神要照顾到每个倾听者，要注意眼神的互动和交流。不要在听到某个话题的时候突然表现出惊讶的表情，从而打断别人说话的思路，干扰交流的情绪。对于较为沉默内向的人，可以说一些大家都聊得开的话题，让其参与进来；或是谈到某个话题的时候，刻意征求其意见，这样会显得平易近人，一视同仁。

3. 用带笑的声音说话——微笑着说话

声音中包含着情绪，用带笑的声音说话，即微笑着说话，一定可以让对方感受到你愉悦的心情。心情愉悦，声音自然优美动听，所谓"言为心声"。而且情绪是会感染人的，你声音低沉，对方也会不自觉地用低沉的声音回应你；如果你的情绪激昂、非常愉快，对方也会高兴地回应你。比如，你情绪饱满地大声问对方："亲爱的，您还好吗？"对方也会大声回答你："嗯，听到您的声音了，我一切都很好！"

（三）语调平和沉稳

语调是人情感流露的一个窗口，高兴、失望、信任、怀疑、紧张、悲痛、狂喜等复杂的情绪都会在语调的抑扬顿挫、轻重缓急中表现出来，正如一年有春风和煦、夏日炎炎、秋高气爽、冬雪飞扬一样。语调不但可以展现一个人的情感世界，也可以表露一个人的社交态度。漫不经心、和尚念经的语调绝不会引起他人情感上的共鸣。因此，交谈时声音的大小、音调的高低、语气的轻重、语速的快慢都要遵循一定的规范。

语速适中才能显得沉稳。语速快，代表干脆、爽快，但也表示不耐烦、激动和紧张，对方能感觉到表达者的热情积极，也体现了表达者性格急躁。语速过慢，给人的感觉则是傲慢、没有诚意或反应迟钝。语速适中，平静中带有活力，有节奏感，对方能感觉到表达者的自信从容，所以说话速度不要太快或太慢。每个人都有控制语速的能力，一般情况下，语速保持在 220～240 字/分钟比较合适。

当然，也不是什么情况下都用一种不紧不慢的语速。谈论比较愉快的事情，就应该使用明快而爽朗的语调；谈论忧伤的事情，就应该使用低沉缓慢的语调；鼓励对方时，应该使用耐心平和的语调；发牢骚、表示不满时，语调自然会高八度。只有这样轻重抑扬相结合，才便于在言谈中表达丰富多彩的内心世界，抒发真实情感。

通常情况下，音调低沉比嗓门尖锐要悦耳得多，委婉柔和的声调比僵硬的声调更容易打动人，发音缓慢比机关枪式的说话要易于让人接受，抑扬顿挫要比平铺直叙更吸引人。但不管怎样变换说话的口吻，给人的感觉始终应该是平和沉稳、不急不躁，才能让人觉得大气从容。

（四）语言准确规范

这里的语言准确规范包含两层意思：一层是指从语言学的角度来讲的准确规范。语言是人类交际的重要工具之一，它由语音、语汇、语法三个要素构成。语音是语言的物质外壳，语汇是语言的建筑材料，语法是语言的组合规律。所以，语言的准确规范既包括语音的标准，也包括措辞的准确及句子的流畅通顺。另一层是指讲话时运用的语言要能准确、恰当地表达出自己的想法，不能随心所欲、信口开河，也不要模棱两可。语言准确，有理有据，才能使人信服。

二、医护语言礼仪

（一）语言规范

1. 准确性

医护人员在工作中首先要明确自己的身份，学会角色定位（＊），明确自己的岗位职责，交谈中要适当考虑措辞，尽量客观，具有针对性。

2. 节奏感

语言的节奏是由速度、停顿、轻重音、平仄等多种因素构成的，可以根据交谈的实际问题，按照要求来控制语速。在一般场合或双方情绪正常的情况下，用中速表达；在庄重场合或情绪比较冷静时，用慢速表达；而在情绪大起大落、比较激动的情况下，语速就要快一些。

3. 通俗性

交谈时语言应该通俗易懂、简单明了，这样更容易让对方理解，拉近双方的距离，有利于谈话的顺利进行。在词语运用方面，尽量少用晦涩难懂的专业术语，尽量用患者可以接受的通俗词语来交流。

4. 灵活性

在日常交谈中，经常会遇到一些猝不及防的谈论、发问或突发事件，要善于随机应变、灵活应对。谈话时要善于察言观色，注意观察对方的表情变化，寻找最佳的谈话时机，以便于及时调节谈话的气氛。如果在表达时出现了用词不当，或是引起对方不快时，应该根据具体情形巧妙地予以纠正，或者用幽默的语言来调整，来维护原有的融洽气氛。

要想在交谈中应变自如、随机应变，就必须注重自身的语言修养和知识水平的提高，因为交际能力是与每个人的知识、阅历、语言能力以及涵养等方方面面密切相关的，要多学习、多实践、多用心，努力拓展知识面，才能轻松自如地与人交谈。

＊医护礼仪的角色定位如下。

服务观念：患者至上，服务第一。

服务态度：主动热情，耐心周到。

服务方法：慎重对待，精益求精。

服务语言：敬重文雅，清晰明了。

（二）语言艺术

医护人员在与患者交谈过程中，善于掌握语言沟通的技巧，可以使医患双方得到良好的沟通效果。

1. 言语谦和为前提

医护人员与患者交谈时，应注意语气、语调上的温和，保持谦虚的态度，避免语调冷淡或粗暴；应选择恰当的语言，把握深浅和分寸，避免使用令人反感、难以接受的字眼。在交谈过程中，要使对方感到安心。

2. 以态度真诚为基础

真诚是言谈的基础，只有诚心待人，以平和、坦诚和稳重的态度，才能换取对方的信任和好感，才能为进一步的交谈创造融洽的气氛。与患者交谈时要自然大方、开诚布公，尽量做到实话实说，不能无中生有、弄虚作假，并适当配合手势与表情，体现对患者的同情和关爱之情。在医患交流的过程中，如果医护人员态度傲慢冷淡、言词粗鲁，专业术语太多，得不到对方的理解，即使业务水平再好，也很难建立良好的医患关系。

3. 幽默风趣是放松剂

医护人员的言语在把握准确得体的基础上，如果能够更加幽默风趣，就能更好地营造轻松的工作氛围，患者也更愿意接受这样的医护人员来做治疗与护理。因为患者来到医院，在一个陌生的环境，加上病痛的折磨，心态普遍焦虑，脾气焦躁，精神高度紧张，对外界人与事物非常抵触，有不信任感。此时，医护人员如果能以幽默风趣的谈吐应对，拉近彼此的距离，便会大大地缓解病患的焦虑情绪，使之轻松，可以有效配合治疗，有利于病患对战胜病魔重新建立起信心。

4. 谨慎大方彰显能力

医护人员在与病患谈话时，应表现得落落大方、自然亲切，能表现出自信、有能力，让患者感觉诚恳。在交谈时，不应随意打断别人的话，不要随便否定别人的观点，不要随意补充别人的说话内容，不要只注重个人说话而一言堂，不要闲聊别人的隐私，不要谈及国家机密或敏感问题，注意把握谈话内容的总体思路和方向。

5. 言谈配以专注的神情

医护人员在与病患交谈时，要发自内心地尊重他们，在诚恳的谈话中，配以专注的手势与表情，让患者感受到你在认真讲也在认真听。必要时给予对方有力的信息回馈，例如，向患者伸出大拇指，表示夸奖和肯定，帮助其树立战胜病魔的信心。但不能指手画脚、拉拉扯扯、频频拍患者肩膀。也切忌左顾右盼、心不在焉，这样会使患者感到没有安全感，不受尊重，让患者觉得你在轻视他、敷衍他。

6. 面带微笑倍显亲切

微笑的表情是交谈制胜的法宝。高焕云老师曾说："微笑不是一个简单的表情，而是一种境界，达到这种境界你就能微笑面对世界万物！"微笑能够缩短人与人之间的距离，能够使人感到轻松愉快。医护人员面带微笑与患者交谈，会让患者体验到愉快的情感，也会赢得患者更多的信赖。

7. 体会病患的疾苦

患者在患病期间，既担心自己病情走向的严重性，又担心自己的家庭经济承担能力，以及对今后工作的影响等问题。医护人员在与患者交谈过程中，要善于发现问题，帮助患者解决问题，表现出自己的同情心、同理心，认真倾听、积极回应、及时安慰，引导患者自发说出内心真实的思想顾虑，引导患者逐渐走出焦虑的困境，切忌态度冷淡、言语生硬、无视患者的疾苦而尽失医德。

神经外科病房由重症病房转入一名脑出血微创术后患者。患者，男，55 岁，既往有高血压史，此次是家人陪同外出旅游爬山，下山途中突发脑出血，傍晚时分由当地 120 急诊接入院，经检查、会诊连夜行微创手术，在 ICU 重症病房治疗观察 3 天，病情稳定入住普通病房。由于患者是在陪同家人外出旅游时发病，其妻子非常自责，目睹亲人遭受病痛折磨，甚至危及生命，内心非常恐慌与不安。患者姐姐在事发后两天赶到地方医院，前来探望弟弟，见到弟弟病情严重，对弟妹表现出非常的不满和不信任感，向护士长提出，在病房加个陪床，亲自照顾患者。由于患者情况的特殊性，护士长了解情况后把患者姐姐请到了办公室，对她说："大姐，您好，您请坐。您辛苦了，您真是一位了不起的姐姐，特意从那么远的地方赶来照护弟弟。患者今天复查，结果提示'左侧基底节出血较前明显吸收'，手术效果很好，现在到了我们专科病房，有了你们家人的陪伴，我们大家一起努力，相信会一天比一天好起来的。"护士长边说边拉着大姐的手，还让护士小万给大姐倒了一杯温水。"护士长，真的感谢你们，是你们救了我弟弟的命，你们真是太好了。其实我心里是非常怪我弟妹的，明明知道我弟弟有高血压，还要他陪同来这里爬山，突然发了这个病，太吓人了。""大姐，我能理解您现在的心情。在您没来医院之前，我也感受到了您弟妹的焦急与自责，我相信你们是一家人，你们的心愿肯定是一致的，亲情的力量是我们医护人员替补不了的，您的到来，无疑是您弟妹内心最强大的依靠，您不用多说什么，默默陪伴，她一定会更认真、更卖力、更精细地照护好自己的爱人的。""护士长，你说到我心坎上了，我内心的惶恐、焦躁也慢慢平复了，谢谢你。""大姐，也要谢谢您，让我看到了一份浓浓的姐弟深情，向您学习。在我们这里，还有什么需要帮助的，可以随时和我联系……"这名患者在医护人员的精心护理、家人的陪伴下，术后恢复效果完全超出预期，很快就出院回家了。

三、常用医护言谈语录

中国号称文明古国，世人誉之为礼仪之邦、君子之国，即使是在唇枪舌剑的论战中，我们的先人也同样讲究语言美。《礼记·少仪》："言语之美，穆穆皇皇。"穆穆者，敬之和；皇皇者，正而美。就是说，对人说话要尊敬、和气，谈吐文雅。

（一）医护人员常用礼貌性语言

医护人员在临床工作中常用礼貌性语言，既可协调护患关系，又可促进医护团队产生内在的凝聚力，培养高尚的道德情操，使整个社会对医疗体系有新的认识。

1. 见面打招呼

人与人之间交往，见面打招呼必不可少。

（1）通用问候语。一般说"您好"既简单又实用。还可以根据不同的时间，说"你（您）早""早上好""上午好""早安""下午好""午安""晚上好""晚安"等。被问候的人也要做出回应，可以微笑并点头示意。点头示意对于男士来讲显得成熟稳重，对于女士来讲能体现出矜持的姿态。

（2）姓氏称呼语。在医护工作当中要礼貌，不能以床号称呼患者，也不能直呼对方姓名。可以在姓氏后面称呼先生、小姐、女士等，从而引起对方的注意，进而具体地交谈。在医患交往过程中，如果称呼得体、彬彬有礼；就会使双方的交往活动顺利进行；如果称谓不当，就会使对方首先在心理上产生反感，自然也就会影响到交谈的质量。

（3）回答式招呼语。这种招呼语一般都事出有因，用来答复式的招呼语是一种表达关注、友好的态度。回答式的招呼语不像问候语那样有比较固定的格式。如在工作中失误，给患者静脉穿刺没有一次成功，应该向患者说一句"对不起""我很抱歉""请您多多原谅"等言语，这样能加强护患之间的理解与配合。在送患者出院时，患者和家属临行时向医护人员打招呼，医护人员应起身回应"您慢走，多保重"等礼貌用语。

2. 请求的表达方式

出于对对方的一种尊重，在做某件事之前加上"请"的征询式词语，表示请求对方许可做某事。在医护工作中，比如，"请您到一号诊室""请进""请大家稍等片刻""请大家按就诊先后顺序坐好""请您把胳膊放平，我为您测血压"等，这些语句中的"请"都带有尊重的色彩。在用"请"表示请求的词语中，有的"请"字已经和其他语素构成固定的结构，用来表示不同的请求之意，如"请问""请教"等。医护人员在一起讨论病患案例时，如果某人有补充的意见，可以说"我想说几句，请问可以吗""还有一种看法，您看我们方便一起谈吗"等。如果对方的观点不同，应先道歉，然后再提出请求："对不起，我有不同的意见，可以讲吗？"因为打断别人的讲话或行为是极不礼貌的行为，在表达请求前先表示道歉是考虑到自己的请求会给对方造成麻烦。以下用语均属此类："先生，劳驾，请帮一下忙，拜托。""先生，对不起，请您不要吸烟。""您好！借过，请让一下。"

3. 感谢的表达方式

感谢是对得到了他人的支持、理解、帮助、配合等而发自内心感激的言语。在医护工作中，患者配合护士作静脉穿刺取得了成功，护士应对患者说："谢谢您的配合。"如果在护理学习讨论会议上发言，最后结束时应说"谢谢大家的积极参与"，表示礼貌与谦虚。有时还可以在前面加一些表示程度的副词，如"多谢了""十分感谢""太感谢啦"等，以表示强调。另外，还可以加一些慰问性的词语，对对方的帮助表示感谢，比如"您辛苦了""让您受累了""麻烦您了"。

4. 道歉的表达方式

在给对方造成不快、损失甚至伤害，需要向对方致歉时，要在鞠躬礼的基础上说"对不起""实在抱歉""请原谅""真是过意不去"。此外，还有"失迎""失陪"等表示歉意的客气话。

5. 道别珍重语

患者痊愈出院，"多保重"是最简单的道别语。"您慢走，多保重"，一句话送去了医护人员对患者满满的祝福与祝愿。

（二）医护人员服务忌语

在医护工作中，有些话不能说，有些话不能直接说。如"我不知道""你去问其他人吧""你不是我管的，别找我"这些话在工作中是禁忌的，这些禁忌语是不受欢迎的。说出禁忌语不但不礼貌，也容易造成医患纠纷。正确的方法是，对询问者耐心地加以说明或解释。如果确实不了解情况，可以委婉地说："请您稍等，我去了解一下，然后回答您好吗？"或者马上请来了解情况的医护人员，向询问者做出合理的解释。如果患者询问的问题（如诊断等），由于某种原因，考虑到患者家属的要求，暂时不能告诉患者本人，经治疗医护小组同意，可以讨论出一个统一的理由，婉转地向患者说明。这种说明有时候也是帮助患者康复的一种方案，它并没有违背医疗道德。在不得不说明时，就要使用其他的词语，即委婉词，这种表达法也叫作婉言法。比如"死"这个词，在现代汉语中有许多委婉词语可以代替，如"他走了""逝世""去世""辞世""长眠""与世长辞""不在了""过去了""永远离开了我们"等。总之，委婉的语句没有刺激性，语意表达含蓄，能使听者在舒畅愉快的气氛中慢慢接受难以接受的事实，起到直言无法比拟的作用。所以，有人说婉言是公关语言中的"软功"或"艺术"。

（三）各岗位服务礼仪规范

国务院新闻办原主任、中国人民大学新闻学院院长赵启正老师曾在《我是演说家》节目中做了题为《自信讲好中国故事》的演讲。他说："世界上有一本很厚的书册《中国读本》，我们每一个国人就是其中的一页，一个外国人独自到中国来，到底能认识、接触几个中国人？从飞机场出口到出租汽车，到宾馆，到他要去的风景区，或者是，他去访问一所大学，参观一家工厂，这样接触，一页一页地翻，这样每一个中国人都是13亿大书中的一页，每个人做好自己，国家的形象才可以更完美。国家的形象直接关系到国家的利益，所以我们大家都要努力做好自己，为国家形象、国家利益做出应有的贡献……"有国才有家，有单位才有职工，有患者才会有医者。希望每一名医护人员找准自己的角色定位，明白自己的职责，切实落实各岗位服务礼仪，用人性化服务满足不同层次患者的需求，全心全意为患者服务。

1. 医生服务礼仪规范

医生肩负着救死扶伤的使命，除了要掌握精益求精的医疗技术技能，还要将服务态度、服务技能、服务技巧、服务艺术、服务语言、仪表仪容、礼节礼貌、行为举止、解难释疑、操作规范等摆在首位，体恤患者的痛苦，以一丝不苟的工作作风对患者进行诊治。

医生的道德规范是：病人至上，救死扶伤；涵养医德，诊治精心；依法行医，尊重患者；钻研医术，精益求精。

医生的服务职责包括：

（1）准时上班。门诊医生至少提前10分钟上岗，做好诊室开诊前的准备工作，对老、弱、残人员实行优先诊查服务，尽量方便患者。门诊环境应保持清洁、整齐、安静，各科室要有针对性地开展健康宣教，做好就诊前指导工作。

（2）仪表整洁。着装整齐，佩戴工作证，按医院规定着装出诊（具体按男、女医生的要求）。严禁在诊室内吸烟、嚼槟榔。同时注意仪态端庄，不要在公众场所嬉笑打闹。

（3）专心诊病。在为来访患者诊病时，有条不紊，专心致志。手机调成振动，停止一切可能影响诊疗、检查的音响设备。

（4）遵守制度。①凡本医院能诊治、检查的医疗服务项目，一律禁止向外院介绍患者做检查和住院，严禁向外介绍患者吃回扣。②各科室工作人员必须严格执行各项规章制度、技术操作规程、手术范围。凡在门诊进行手术、特殊检查、特殊治疗、实验性临床医治的患者，要详细解释、执行告知制度，必须在征得患者或家属同意的情况下，签署书面知情同意书。未签署知情同意书者，门诊手术室一律不得安排门诊手术。③各科医生不得无故停诊，如有特殊情况，应提前24小时通知门诊办公室进行登记，经院方同意后方可停诊，并且对外要有醒目告示。

（5）精益求精。①在诊疗活动中，凡就诊3次不能确诊，或在诊疗过程中治疗效果不佳的患者，应及时请示上级医生进行诊查，如有特殊情况，门诊患者可由上级医生安排介绍到权威专科就诊，住院患者可行院内会诊，确保本院的医疗质量。②实行首诊科室、首诊医生负责制，患者挂号后，接诊医生应详细询问病史，做好全面检查。对于疑难、复杂、跨科室的患者，首诊医生应完成病例记录和身体检查后才能邀请有关科室会诊，并带领患者到对应专家诊室。③实习或见习医生不得单独对患者病情进行处置。

（6）绿色通道。急诊如接到与多个学科相关联的危重患者，应根据病情的需要，及时启动院内应急预案，组织相关学科协同抢救。急诊危重患者应尽量在门诊明确收治范围，在专科医生的指导下进行必要的检查和救治。

（7）书写准确。门诊病例、处方必须按照统一要求书写，做到记录详细准确；各科的检查申请单按照规定填写详细，各种医疗文书应字迹清楚、完整、规范；医生签名要签全名。患者出院3天内，必须将病例完善装订好后送至病案室妥善保存。

（8）提高效率。门诊医生接诊来访患者，根据科室的实际情况自行掌握接诊时间，原则上一般不少于15分钟。

（9）依法行医。①严禁使用无批号、过期、变质、失效的药品，或者擅自开具生产、销售、使用未经批准的药物及有关制剂。②门诊医生严禁接待医药代表。

（10）注意细节。患者领药后，医生要告知患者所服药物可能出现的不良反应及注意事项，特殊药物（按照规定需要告知患者的药物）要征得患者同意。

（11）尊重病友。门诊医生要保护患者的隐私。

（12）严防感染。各科室要做好检诊、分诊工作，严格消毒隔离制度，防止来院患者交叉感染并注意自身防护，诊室及诊室走廊备好免洗手消毒液，及时做好疫情报告。

（13）传播健康。门诊医生在接诊结束后，要把本科室的宣传资料、疾病健康处方，以"健康礼包"的形式赠给来访患者。

（14）规范病案。门诊医生必须重视门诊病历本的书写和记录，对每一名患者的主诉、现病史、过去史、个人史、家族史、体格检查、化验检查、特殊检查、专科情况、病情分析、初步诊断、签署全名，次序不能变，内容不能少，书写记录详细程度可视患者具体情况而定。医疗市场的规范化、门诊病历的法律依据性、医院和患者资料的完整性，都要求门诊医生高度重视门诊病历的记录。从某种程度上讲，门诊病历本的记录能体现出该医院的管理水平、医疗规范程度、门诊医生的技术水平和对来访患者的负责程度。

（15）医风自律。①严禁医生以敷衍的态度接诊患者，凡因擅离岗位、推诿、敷衍、缺乏责任心等原因造成医疗事故，必须追究责任，严肃处理。②不得索要、收受医疗器械、药品、试剂等生产销售企业或人员以各种名义给的回扣。

（16）廉洁行医。门诊医生不得索要、收受患者红包、物品、有价证券，不得谋取其他不正当的利益。

2. 门诊医生技能与礼仪规范

（1）询问病情。医生的态度要和蔼、诚恳，先请患者就座。询问病情时，语气应平缓，眼神与患者有交流，态度要认真。通常诊断时应先向患者询问："您好，请坐！请问您哪里不舒服？以前得过什么病？有没有家族病史？"并告知："如果您以前在其他医院看过病，我们将需要参阅之前的病历，在此基础上给您进一步诊治，请您把过去看病的检查结果拿出来，这样有利于帮助我更系统地了解您的病情，另外不必要的检查就可以不做。"

如果是复诊，应询问患者吃药后的效果如何，然后对照之前病历记录各症状一一问诊，制定新的治疗方案。治疗、检查完毕后应给予医嘱，如：一定按时服药，几天后如果没有好转要及时复诊，并告知下次复诊时间。

（2）体检。在做体检时，要按照规范流程进行操作。态度要和善，语气要放松："请您到这边诊室来，平躺到床上，我帮您做个初步检查。"操作时，动作要轻柔、细致，按体格检查流程进行，先外后内，先前面再背后，先上后下，按视、触、叩、听的原则，按系统、按脏器逐个进行仔细检查，详细了解情况后，再决定治疗方法。男医师检查女患者要有第三者在场。

（3）诊断过程。要准确地找出病因，以减除患者痛苦。检查完毕，要及时向患者交代病情，语气要中肯平缓。如果病情较轻，可以告知患者："您的病情没什么大碍，是××病。我这里开了些药。您回去后按时吃药，注意休息，很快就会好的。"如果病情较重或需要做进一步检查，需要开具一些化验单及检查单，可以告知："您需要做进一步检查和治疗，请您配合。不过请您放心，这种病的治愈率比较高，请您拿好化验单及检查单到××楼去进行检查，然后将化验（检查）结果拿来给我看。"

在患者将化验（检查）结果拿回来后，应向患者解释化验（检查）结果，做好相关诊治工作。如果遇到需要转科治疗、转为急诊、转手术室、转院等特殊情况，应及时告知患者或家属，以免耽误治疗。言语上可以这样说："您好，经过检查您需要马上转（急诊、手术室、院）治疗。"

在较难做出诊断时，应耐心抚慰患者及其家属，并及时请示上级医生。这时应向患者解释："为了您的健康，需要请示上级医生帮您看一下，请您稍等片刻（或等×日再来），请谅解。"

诊断后要按照规定开处方或住院单，并告知休养、饮食注意事项，要跟患者交代清楚："我为您开的药主要有×××，您要按时吃药，吃药期间需要注意×××，这样才能更快康复。"当患者自己点名要某些药物时，应该根据病情来确定是否必要，如无必要，应跟患者解释清楚："以我们多年诊治这种疾病的经验，这种药并不适合您，请您相信我们。"当患者要开大剂量药时，也应根据情况来定，如果无法满足患者的要求，应告知："现在的这个用量最好，这是××天的用量，用完后随时观察病情的恢复程度，有什么问题请及时和我联系，请您谅解和配合。"

3. 急诊医生工作礼仪

（1）急诊医生要有沉着、冷静、敏捷、果断的工作作风，有敏锐的洞察力和应变能力，过硬的综合业务能力和高尚的医德，急患者之所急，无论是外在仪表举止、自身精力体魄，还是内在诊治水平，都要随时保持最佳的急救储备状态。

（2）针对 120 出诊任务，做到 3 分钟内出诊。对于没有家属或者无法与家属联系上的患者，开通急救病人绿色通道，先治疗后缴费，并及时同医院相关主管院长保持沟通，保证患者得到及时救治。

（3）针对无人陪同的患者，应协调急诊科护士帮助患者缴费、取药、做治疗。针对生活无法自理的患者，应指导护士做好患者的生活护理，如外伤患者的皮肤清洁护理与处置等。

（4）针对急诊送住院部的患者，应安排专人负责，医生陪同送往对应科室，并在护送途中注意安全和人性化关怀。

（5）对于病情危重患者就诊，必须在最短的时间内，采取最有效的措施，防止患者重要生命器官受到伤害，启动 EMSS，抢救方法果断、有效，让患者得到迅速、准确、及时、最佳的抢救，让患者家属产生信赖感，能积极配合抢救与治疗。

（6）由于患者起病急、病情危重，患者及家属情绪焦虑、盲目甚至非常恐慌，难以控制自己的情绪。医生在诊治过程中，要保持稳定的情绪，冷静对待，做到镇定抢救、稳而不乱。同时还要有一颗"同理心"，理解患者及家属的心情，做好沟通、信息反馈工作，适当给予安抚与解释。对于病情有特殊变化者，要注意随时告知病情变化情况。

（7）告知患者目前情况和即将要进行的治疗，沟通时，做好解释与抚慰工作。例如："您好，您的病情较重，且不稳定，现在需要留诊观察""请您放心，我们一定会尽力抢救治疗的""为了更好地观察、诊治病情，您需要留诊观察"。

（8）在患者留诊观察后办理出院时，应详细介绍回家后的各项注意事项，叮嘱患者按时吃药，如有问题请及时复诊。

4. 病房医生工作礼仪

（1）注意自身仪表，着装规范，举止规范、得体。保持工作服整洁，不邋遢，不在工作区吃零食、干私活。

（2）对患者进行检查、诊断、治疗时，言语和蔼，表述清晰。

（3）为患者进行各项诊查、操作时，注意谈话告知，随时注意保护患者隐私，操作动作轻柔准确。

（4）对于患者提出的与自身疾病相关的疑问，应及时、耐心、细致地回答或解释。与疾病不相关的一些问题，也应该合理给予回应和解释，可以有效缓解患者的心理压力和思想顾虑，从而增强信任感。

（5）平等友善地对待病房里的每一名患者，不分亲疏；切实真诚地尊重病房里的每一名患者，不论贵贱。微笑沟通，人性服务。

（6）诊治时的安抚、解释言行规范。当患者入住床位后，经管医生在接到护士通知5分钟内到病床边了解患者病史。询问时应注意患者的心理承受能力。例如："您好，我是您的主管医生，我姓××，请问您现在哪里最不舒服？现在需要我们相互配合，进一步了解您的病史，请问您是什么时候发病的？发病时有什么不舒服？到过什么医院？做过什么检查？用过什么药？……希望我们相互配合，您有什么其他不舒服或是需要我帮忙的地方，可以随时找我。"在患者康复后可以出院时，应详细介绍出院后的一些注意事项及回医院复查的时间。当遇到患者不愿出院时，应告知患者病情已经基本恢复，不需要住院了，只要回去按时吃药、注意休息，很快就会痊愈的。在患者出院时，应陪送出院并加以嘱咐，注意提醒患者回家记得按时吃药，劳逸结合，并定期来医院复查。

（四）各岗位常用言谈语录

1. 护士接待入院患者服务语录

（1）在医院里，一天的活动是从早晨的打招呼开始的，相互问候表达了相互之间的友情，是保持友好人际关系的第一步。

在任何场合都要自己主动先打招呼。

不要瞧不起对方，不要因为害羞或心情不好而不跟别人打招呼。

看到对方时要面带微笑。

轻轻点头，主动问候"早上好""您好"等。如果对方没有反应，请考虑一下是否因为自己的声音太小。

（2）使医院气氛明朗的七个关键词：

"早上好！"

"谢谢！"

"请……"

"对不起！"

"辛苦了！"

"抱歉！"

"我们……"

（3）适宜的回答方式。主动看着对方，表情明快，心情舒畅，声音洪亮。

2. 导医语录

"请问，有什么可以帮您？"

"您好！请问您哪儿不舒服？"

"您应该挂内科。"

"请您购买病历本，填上姓名、性别、年龄等项目后，到挂号处挂号。"

"××科在××楼，请出门左拐（乘电梯）上楼。"

"请慢走！"

"对不起，请稍等。"

"请您排队等候。"

"请跟我来，我带您去。"

"别客气，这是我们应该做的。"

3. 药房窗口服务语录

"您好！请问有什么可以帮您？"

"麻烦您告诉我处方上的病人姓名，好吗？"

"请稍等，我去给您配药。"

"×先生（女士），您的药已配齐。请您注意药盒上的用法和保存方法，按照医生的嘱咐用药。"

"×先生（女士），抱歉，您需要先去交费再来拿药，给您添麻烦了。"

"×先生（女士），您需要到×窗口取药。"

"对不起，××药暂时没有，我来联系一下医生更改或取消，好吗？"

"对不起，给您添麻烦了。"

"对不起，这个问题我也不太明白，我帮您问一下大夫，好吗？"

"对不起，让您久等了，请您见谅。"

"不客气，这是我们应该做的。"

"感谢您对我们工作的支持和帮助。"

"请您不要着急，事情会尽快妥善解决的，请相信我们。"

"请问您需要帮助吗？"

4. 检验科窗口服务用语

"您好！请问有什么可以帮您？"

"您请坐。"

"麻烦您告诉我您的姓名，好吗？"

"请出示您的就诊卡。"

"请您稍等，给您刷卡、办理登记。您的检查项目为××，本次检查费用为××元，现卡内余额为××元。请收好您的卡。"

"对不起，就诊卡出现错误，我给您联系解决。"

"对不起，您卡内余额不足，请您先去交费后再来，好吗？"

"为方便采血，请您挽起衣袖，好吗？"

"请按压针眼2分钟，并请在24小时内不要沾水，好吗？"

"感谢您的配合。"

"对不起，今天做检验的人太多了，让您久等了。"

"不客气，这是我们应该做的。"

5. 放射科服务用语

"您好，请问有什么可以帮您？"

"请告诉我您的姓名，好吗？"

"×女士，请您稍等，给您刷卡。您本次消费100元，卡内余额为50元，请收好您的卡。"

"×女士，请您稍等，我们按检查顺序叫号。请您在这里等待。"

"×女士，您检查的时间到了，请跟我来。"

"请这边走。"

"请您在这里换鞋／请您穿上鞋套。"

"您好！我是今天的B超医生×××，您叫我×医生就行。很高兴为您服务。"

"请您躺在检查床上。"

"请您平卧。"

"为方便检查，请您解开上衣衣扣并松开腰带，好吗？"

"请翻身侧卧好。……您做得很好，感谢您的配合。"

"请放松。"

"您感觉怎么样？累了吗？"

"请稍等，检查结果一会儿就出来。"

"请喝水。"

"不客气，这是我们应该做的。"

"对不起，这个问题我不是很清楚，我可以帮您问问其他医生。"

"感谢您对我们工作的支持和帮助。"

"您慢走／请走好。"

6. 收费处文明用语

"您好！请问有什么可以帮您？"

"请出示您的医保卡/身份证，好吗？"

"请填写就诊申请单，办理就诊卡。"

"请保证预交金充足，以备挂号、检查、取药、治疗使用。"

"请您收好预交金单据，退款时我们需要收回。感谢您的配合！"

"×先生/女士，就诊卡与病历本需要收取工本费2元。"

"这是您的发票，请收好。"

"请您将就诊卡收好，卡内余额为××元，下次就诊还可以使用。"

"感谢您的配合，请慢走。"

7. 医保办文明用语

"您好！请问有什么可以帮您？"

"请把医保卡、就诊卡、门规证给我，我为您开卡，好吗？"

"您的就诊卡余额为××元。"

"×先生/女士，这是您的病历，请收好。"

"请您到×楼就诊，请出门左拐，乘电梯到×楼。"

"×先生/女士，我来为您解释一下医保政策……谢谢您的配合！"

"您好！请您出示医保卡/农合证/户口本……"

"请问有急诊费用吗？"

"请您到1、2号窗口办理入院手续。"

"谢谢您的配合，请慢走。"

四、接待出入院病人礼仪

（一）入院礼仪

1. 接待新入院病人礼仪

患者来到陌生的医院住院，会因不熟悉医院住院环境和制度，同时担心疾病的严重情况，而感到孤单、恐惧、紧张和焦虑。护士接待患者应起身迎接，面带微笑，以礼相迎，边安排落座边进行自我介绍："您好！女士，有什么我可以帮到您的吗？您请坐，我是今天的当班护士，我叫××……"

护士给患者的第一印象非常重要。当患者及家属感受到护士的热情时，就非常容易敞开心扉，搭建彼此信任的桥梁。护士可以亲自带患者到病区走动一下，熟悉病区住院环境，了解相关的探视制度，并且帮助患者尽快与同病室的病友熟悉起来，为他们互相做介绍。"李姐，您好，这是我们为您安排的 6 床，旁边这位是我刚刚为您介绍的刘姐……刘姐您好，这位是新入院的李姐，以后你们就有伴了，可以相互照应一下。"

护士带领患者进入病房的过程中，要主动帮助患者拎包或者提重物。千万不要为患者安排床位时直接对患者说："来，来，跟我走，到病房去。这是你的病房。来，二床。"过程非常简单，语气生硬，会让患者感觉冰冷，没有一点温度感。

请换位思考一下：如果我们自己患了病，来到病房，见到护士。她看见我们就主动迎上来说："哦，您是刚来住院的患者，我刚接到住院部的通知了。来，我帮您拿东西。请您随我去病房。"护士带你往病房走的时候，帮你拎着包，介绍病区环境，到了病房向你介绍病友，以及病房的设施："这是医生办公室、护士站；这是处置室，旁边有个标本箱，是放大小便标本的地方；这是开水房，我们提供热水的时间段是……""这是电视，遥控器在这儿。您看这是呼叫器，您有什么需要的时候就按它，护士就会过来。"护士做一个非常简单的介绍，患者就会感觉受到重视了，心里就很踏实，注意介绍时的语气应缓和、耐心细致，避免使用"不准……""必须……"等命令式的措辞。

护士在引导患者进入病区的时候，采用"伴随引路"，稍微朝向患者侧前方引领的姿势，一边走一边介绍环境。这不仅是出于礼貌，也可以随时地观察患者的病情和表情动态，以便及时地交流、沟通，提供最佳的护理服务。如果同行的是一名年迈的患者，注意观察患者行走是否方便，可以边引领边扶助患者前行。如果引领的是一名病情较重的患者，这时就需要随时观察患者的状态，必要时使用轮椅，或是平车、担架护送患者，提供最安全有效的服务。总而言之，引领过程中，要体现对患者的重视与尊重，要体现人文关怀与医护人员的职业素养，切忌只顾自己往前走，把患者甩在身后。

2. 病房护士的"八个一""十个一点"

"八个一"：一张真诚的笑脸，一个亲切的称呼，一张整洁的病床，一壶新鲜的开水，一次周到耐心的入院介绍，一次准确规范的健康评估，一次用药的宣教，做好第一次治疗。

"十个一点"：微笑多一点，嘴巴甜一点，说话轻一点，思维活一点，行动快一点，做事稳一点，效益高一点，理由少一点，脾气小一点，共情多一点。

3. 病房护士的"七到"

患者到达病房后，医生护士的敬语要到（如"您好""请"），微笑要到，水要到（要有一壶新鲜的开水），饭要到，治疗要到，护理措施要及时到，健康宣教、一张宣教卡要到。这样做，会让患者感受到温馨亲切，使护士发挥出护理工作的最佳职能。

4. 使新入院的病人有归属感

新入院病人，无论是急症病人还是慢性病人，都非常希望尽早知道主管医生和责任护士。所以，病人入院后，责任护士应该在第一时间去看望病人，安排病人的衣食住行，尽快通知主治医生到场，做好自我介绍和入院当天相关的检查治疗，以满足病人及家属的需求。

在护患交谈中，如果病人采取的是坐位，那么护士要采取站位；如果患者采取的是卧位，护士要采取坐位，用基本平行的视线，这样更适合彼此的交流。

5. 一切从病人需求出发

比如，新入院病人来到病区的护士站，接诊的护士应充分体现对病人的尊重，立即起立说："您好！"这一声问候非常重要，它缩短了护士和病人的距离。如果有其他在场的工作人员，也应该向病人点头微笑以表示欢迎。病人在护士站办完手续后，护士应尽快把病人引入病房。如果面对的是急症病人或行动不便的病人（如年岁大的病人，或者是患病的孕妇、儿童），应该尽快使病人处于最佳舒适体位。责任护士不应该在护士站询问病史、测血压、查体等，这样只会增加病人等候的时间，同时也会扰乱护士站的工作秩序。

6. 护士的首问负责制

首问负责制是指当病人对治疗有疑问或者对病情渴望了解的时候，无论问到哪名护士，都不应推脱或者让病人去找其他人解决。

作为被病人首次问到的护士，虽然不是所有的问题都能够解决，但应设法和其他护士、护士长或者医生取得联系，并且把结果告知病人。假如病人问："王护士，今天我的化验结果该出来了。我两天前抽的血，验血糖。你能不能帮我看一看？"这时，王护士要对病人说："好的，过一会儿帮你看完，我会告诉你。""你的血糖是……"事后应该对病人有个通报，把结果告诉病人。

如果病人问护士："小李，医生说今天上午给我输液，但是10点了怎么还没有来？"可能是医生告诉这名病人给他开输液，但后来没有开；也可能是医生的医嘱已经下达了，主班护士正在处理医嘱；还可能是治疗班护士已经去药房了，但药房正在配药，暂时还没有拿到药；更可能是药已经拿回来，输液班护士正在加药。所有这些都是有可能的，如果小李说："大爷，这事儿我真不知道。您看，要不您去问主班护士小张、治疗班护士小王、输液班护士小周他们？我真不太清楚。"如果护士把这个事情推给病人，那么这个病人上哪儿去问呢？他怎么会知道哪个是小张，哪个是小王，哪个是小周呢？所以，病人问到谁，谁就应该告诉他："我们可以马上去看一下，药是否开了，是否拿上来，是否加好了。"这时候，护士小李就可以对病人说："大爷，我刚才帮你看过了。医生已经开药了，我们的治疗班护士已经去领药了，待会就能领回来给您输上液。大爷啊，您先准备一下。别着急，回到床位上再等一等，一会儿就来了。"这就是护士的首问负责制，它充分体现了以病人为中心的护理理念。

7. 呼叫器不能代替观察巡视

呼叫器要放到病人伸手能够拿到的地方，临床上最好选用带延长线的呼叫器。当病人因为各种原因必须卧床的时候，护士应该将呼叫器的延长线放长，放到病人够得着的地方，并且教会病人怎样使用，以增加病人的安全感。当然，护士不能够单纯依靠呼叫器，"我把呼叫器放在你这儿了，药液输完你叫我一声。"要知道，观察病情、观察输液情况不是病人的责任。护士要多巡视，主动解决问题。放呼叫器，是为了给病人增加安全感，在需要的时候可以及时呼叫，但是它不能取代护士巡视病房的责任。

呼叫器到处鸣响、红灯到处闪亮，说明护士的工作做得非常忙乱和被动。病人在输液的过程中，护士应该对病人的药液是否输完、什么时候输完，病人是否需要排尿、是否需要饮水、是否需要更换体位做到心里有数，应该多巡视，主动照看病人。

护士在接听呼叫器的时候，态度一定要好，要让病人有安全感。态度要非常真诚，语言要非常礼貌，不能说"你等一会儿""我一会儿就来"，而是要让病人有安全感。护士要回答说："好的，我马上就来。"当然，护士应该立即赶到病床旁。

8. 操作治疗前要体现对病人的尊重和关心

护士对病人进行各种操作前，要有一个操作前的解释。在做各种检查前，护士进入病房时，应该轻轻地叩门以表示对病人的尊重，并轻声地致以问候："你好！""早上好！""晚上好！"同时护士的举止要端庄大方、热情友好，让病人能感觉到亲切和温暖。在执行留治胃管、导尿、灌肠等操作前，应该处处为病人着想，如拉好窗帘，遮挡屏风，耐心给病人做好解释、安慰工作，以取得病人的配合等。

同时要给病人心理上的安慰。如输液前，护士要和颜悦色地用亲切自然的语气告诉病人："阿姨，您好！现在给你输液，需不需要去一下洗手间？"如果是卧床病人，还要问一下是否需要便器，同时给病人安排好舒适的体位，细心地选好血管。输液治疗的时候，病人往往因为活动受限，卧床的时间过长，感到疲乏焦虑，希望尽快地接受输液治疗。有的病人甚至还自行地调节输液的速度。所以，护士一定要提前告诉病人及家属输液的量和时间，让病人有心理准备，避免用命令式的语气强加给病人。护士要向病人讲解，输液的速度过快，会给心脏带来负担，请配合安全输液。

9. 护士操作中的礼仪

护理操作中最高的礼仪就是对病人的尊重，"珍视生命，以病人为重"。要最大限度地给病人以安全感。护士在上班期间如果带了手机，一定要把手机调到静音状态，以免手机鸣响时分散注意力，让病人产生不安的情绪。如果在操作过程中有同事通知你接听电话，应该请同事转告对方，等一会儿给他回电话，然后按照原来的操作速度有条不紊地完成操作，让病人感到他是最重要的。

10. 催交住院押金礼仪

病情危重和大手术的病人已经被疾病折磨得痛不欲生，同时在经济上还承担着巨大的压力。有时候病人会出现欠费的情况。为了避免给在病榻上束手无策的病人带来更大的精神压力，护士应该将补交住院押金的事情告诉家属，而不要惊扰病人。

（二）出院礼仪

1. 出院宣教及随访

在患者出院的时候，护士应该主动协助办理出院手续，同时进行口头的健康宣教，或者提供书面宣教。告知如何继续用药，如何进行后续康复治疗，以及出院后在饮食起居方面需要注意的问题。主动为患者提供专家复诊的时间，回答患者所咨询的问题，告知患者要按照医嘱定期来医院复查；如果有不适的话，要随时来医院就诊，或者打电话咨询等。还可以请患者留下联系方式和家庭住址，便于医护人员进行定期的电话或者上门随访服务。

2. 出院道别

出院道别是对患者关爱的延续，临别的时候表达友好祝愿，是增进护患关系的良好时机。患者病愈出院的时候，医护人员首先对于患者身体的康复表示祝贺，感谢患者及家属在住院期间对医院工作的理解与配合，对医院工作存在不足的地方表示歉意，并请患者或家属填写"满意度调查表"，欢迎其提出宝贵意见，最后医院科室医护人员表示会一如既往地为患者提供力所能及的帮助与服务。护士送患者同时道一句"慢慢走，您多保重""别忘了吃药"，"回家好好休息"等，也可以以握手礼仪告别。这些既可以体现出护士的素养，又把关爱带给了患者和家属以及他身边的朋友。温馨的道别，可以使患者感受到医护人员对他的关爱还在延续。

第二节　沟通技巧

用心沟通

💬 **案例导入**

【案例一】

梅医生在医院查房时，总是充满了欢乐。许多正在康复的病人都很期待见到他。由浙江省档案馆收藏、1935 年出版、亚力山大·甘米（Alexander Gammie）所著的英文传记书《梅藤更在杭州》（*Duncan Main of Hangchow*），生动地记述了一天早上发生的"好玩的一幕"：从床的这头走到那头时，梅医生被床撞到了膝盖骨，他不由自主地大叫了一声"痛"，表情很夸张。病人们立刻上前帮忙，现场一片忙乱。梅医生依旧不停地呻吟，有点小夸张。一位老妇上前揉他撞伤的地方，一个人开始给他扇风，一个人抬着他的腿，一个人扶着他的背，另一个人给他把脉，还有一个人急忙跑出去叫梅医生的妻子，其余人都聚拢了过来。梅夫人赶到后，一眼就看穿了梅医生的恶作剧——他在享受这场"欢乐盛宴"。梅夫人肯定了大家为这位"病人"做的事，然后匆匆转身走开。不一会儿，她拿来一部照相机，"咔嚓"一声拍下一张照片，笑言这张照片命名为《局势逆转：医生变成了"病人"，病人变成了"医生"》。美国医生特鲁多的墓志铭写着："有时，去治愈；常常，去帮助；总是，去安慰。"福音医者梅藤更，就是最会安慰患者的人。

【案例二】

"姿姿，13 床的那个大男孩昨晚失眠了，一整夜都在病房里走来走去。听他妈妈说，他在学校就好几个晚上没睡了。哎，小小年纪就失眠。"早上刚到科室，上夜班的姐姐就主动跟我说起这事。这类聊天在我们儿科已是家常便饭，大家都想把自己上班遇到的问题跟同事们一起沟通，也是希望能帮助每一个患儿。

我的第一反应不是小小年纪就失眠，而是我能懂他，懂他的痛苦。没有一个人愿意失眠，失眠的感觉是最难受、最痛苦的。只有体验过的人才知道其中的痛苦，不是一天两天的事，那不知是多少个夜晚累积起来的心理恐惧，害怕天黑，甚至对上床睡觉都会有阴影。我也曾经有过失眠的经历，有过黑夜中清醒的无奈，所以我完全能懂他，我想帮他，就像在帮助曾经的我。

走进病房，一个文质彬彬但又显得很紧张的少年安静地躺在病床上。他的枕头边上放着几本课外书。浓浓的黑眼圈、焦虑的眼神、疲惫的脸颊，显得格外憔悴。他身旁的母亲也是满脸疲惫，为了自己的儿子也是一宿没合眼。

"早上好！吃早餐了吗？"这是我们平时护理查房最简单的问候，可以很快进入与患者的沟通，又不会引起患者的特别顾虑。

"没有。"很明显，男孩不是很愿意跟我多说。

"等一下要输液哦。你可以先去吃点早餐，这样对肠胃刺激会小些。"

"护士，可不可以晚点给我儿子输液呀？昨夜我儿子一晚都没睡，从床头翻到床尾，又是看书又是跑步。我和他爸爸也是一晚没睡，现在他爸爸出去买早餐了。"

"好的，蒋妈妈。""小蒋，你是不是刚到医院还不适应环境，所以没睡好？"即使知道有失眠的问题，但我不能太急着进入主题，起码要得到孩子的信任。

"不是的。他呀，在学校就睡不着。老师还打电话给我，要我接他回家。"男孩妈妈忙回答。看得出母亲对孩子的担心，也看得出男孩对这个话题的排斥。说到这个话题，他都是低着头一言不发。

"我以前也有过这种情况，也是一整晚一整晚地睡不着。后来，通过自己慢慢调整才好的。"

"阿姨，你怎么也会失眠呀？"男孩惊讶地看着我，好像找到同类中人。

"是呀，阿姨每天除了要上班，还要应付各种考试，回家要看小孩，所以也有应付不来的压力。可是，后来发现越是着急就越是一团乱麻，晚上睡不好，白天没精神上班，家庭也没时间顾及，抵抗力也下降。感冒呀，过敏体质呀，都来了。"

"我尝试过吃药，吃酸枣、酸枣仁，来让自己睡着，都没什么用。真的想要睡好只能靠自己，自己去改变去调整。后来我专门买了两本关于睡眠的书，通过调整自己的心态，把目标分类，休闲时练瑜伽，慢慢地就好了。我相信你也可以的。"说完，我拍了拍男孩的肩膀。

"你看，阿姨工作这么辛苦，也要考试。你呀，要向阿姨学习。"
"护士，谢谢你啦！"男孩妈妈说。

第二天，我把那本《夜夜好眠》送过去给他看。走进病房，只见他一人躺在床上。见我来，他主动跟我打招呼："阿姨好！"我把书交给他，让他看看这本书。我告诉他，无论晚上多晚睡觉，第二天一定要保持精力充沛，以最好的精神面貌去迎接生命中的每一天。

我在家休息了两天，上班时一到科室，同事就跟我说13床的那个少年出院了。他临走时把书送过来，还特意麻烦她们替他好好谢谢我。他和他爸爸都看了这本书，书对他们有很大的帮助。

此时的我真的非常激动，我相信他一定能战胜失眠。作为一名护士，我们每天都会遇到很多不同的事件。我们只是希望，尽最大努力去帮助每一个需要帮助的人。

【案例三】

小王是刚来医院上班不久的护士，她平日里上班总会提前到科室来熟悉病房里的最新动态，主动向前辈们讨教经验，还喜欢轻言细语地到病床旁进行健康宣教。因为平日里建立了基础良好的护患沟通关系，小王到病房给患者进行穿刺治疗时，操作机会总比别人多。就算技术上不太娴熟，但因为善于沟通、懂得安抚，所以缩短了护患之间的心理差距，患者绝大部分可以谅解。这样，她就为自己以后的工作学习打下了牢固的基础，并可以防范护患纠纷。

一、医护人员的情绪与压力管理

（一）情绪管理

1. 情绪

心理学中有一个很著名的理论，叫"ABC 情绪理论"，即激发事件 A（activating event）只是引发情绪和行为后果 C（consequence）的间接原因，而引起 C 的直接原因则是个体对激发事件 A 的认知和评价而产生的信念 B（belief）。也就是说，人的情绪和行为结果主要根源于自己的信念。而当一个人被不合理信念控制的时候，就会产生情绪困扰，进而引发不好的后果。比如，"你这句话（A）让我很生气（C）。"其实不妨仔细想想，既然同样的"A"对于不同的人并不会导致同样的"C"，那么真正让我们产生情绪的另有一个介质"B"，即我们每个人对该事件的解读、看法，与我们一路走来所积累的经验、观点乃至价值观密切相关。既然了解了其中的关键点在于自己的"B"，那么不妨去探寻让自己产生如此强烈情绪的"B"是否合理。如果过于片面、极端，适当地调整一下"B"，自己的"C"也会跟着随之变化。比如，一样是接到临时加班通知，如果"B"是"老板又在剥削我，我真是倒霉"，那接下去的加班时间一定很郁闷；如果"B"是"看来老板还是离不开我，我在单位还是比较重要的"，那就会忙着加班并有小小的得意感，状态是完全不一样的。所以说，面对同样的问题，生气或者微笑，完全由您自己选择。

2. 情绪管理

情绪管理（emotion management），是指通过研究个体和群体对自身情绪和他人情绪的认识、协调、引导、互动和控制，充分挖掘和培植个体和群体的情绪智商，培养驾驭情绪的能力，从而确保个体和群体保持良好的情绪状态，并由此产生良好的管理效果。

情绪管理可以分步进行：

（1）需要去觉察自己当下的情绪，并承认它、接纳它。任何情绪都是我们人性的一部分，都应该真实呈现、坦然面对。举个简单的例子：当小男孩难过哭泣时，大人常常说的话是"男孩子要勇敢，不可以像女孩子那样哭鼻子!"带着这样的观念,小男孩长大成人后,自然会竭力回避、压抑难过的情绪。可是,现实生活中种种大事小事都可能引发伤心、难过的感觉,既然男人不应该落泪,那么它就只能转化为其他形式(如暴躁易怒)。

(2)了解自己的情绪从何而来,查明眼前情绪问题的"B"介质、信念是什么,需要如何转换。

(3)尝试以适当的方式来表达情绪,这既可以缓解自身的压力,又可以拉近与周围人的心理距离。比如,面对工作上的巨大压力,与其板着脸、不分青红皂白地训斥同事工作不得力,不如真实表达:"这项工程那么复杂,而给我们的时间又很有限,确实有相当的难度。我感到很焦虑,也有点担心,幸好有你们这些有经验的搭档一起帮忙应对,让我心里踏实不少。"想来,同事们听到你如此诚恳、真实的分享,感觉应该会舒服很多,也会更愿意去承担自己的那部分责任。

(4)疏导、缓解内心积累的令自己不舒服的情绪。方法有很多,找到适合自己的方法就行。最简单有效的途径是"四出来"——说出来、写出来、画出来、唱/喊出来。也可以通过锻炼(如健身、跑步、打球、跳舞等),想象坏情绪像球一样被打出去,或者随着汗水挥洒出去,会给人一种痛快的感觉。此外,还可以听音乐、散步、逛街、做按摩、静心冥想、点香熏等。

【事例分享】

美国社会心理学家费斯汀格(Festinger)有一个很著名的判断(被称为"费斯汀格法则"):生活中的10%是由发生在你身上的事情组成的,而另外的90%则是由你对所发生的事情如何反应所决定的。换言之,生活中有10%的事情是我们无法掌控的,而另外90%却是我们能掌控的。费斯汀格在其著作中列举了如下的例子。

卡斯丁早上起床后洗漱时,随手将自己的高档手表放在了洗漱台边。妻子怕他的手表被水淋湿,就拿过去随手放在了餐桌上。儿子起床后到餐桌上拿面包时,不小心将手表碰掉地上摔坏了。卡斯丁心疼自己的手表,就照着儿子的屁股揍了一顿,然后,黑着脸骂了妻子一通。妻子不服气,说是怕水把手表打湿。卡斯丁说,他的手表是防水的。于是,两人猛烈地斗起嘴来。一气之下,卡斯丁早餐也没有吃,直接开车去上班。快到公司时突然想起忘了拿公文包,又立刻调头回家。可是家中无人——妻子上班去了,儿子上学去了。卡斯丁的钥匙放在公文包里了，他进不了门，只好打电话让妻子回来开门。妻子慌慌张张地往家赶时，撞翻了路边的水果摊。摊主拉住她不让她走，要她赔偿。她不得不赔了一笔钱才脱身。待拿到公文包后，卡斯丁已迟到了15分钟，被上司严厉地批评了一顿，他心情坏到了极点。下班前，卡斯丁又因一件小事跟同事吵了一架。妻子也因早退而被扣掉了当月全勤奖。儿子这天参加棒球比赛，原本夺冠有望，却因心情不好发挥不佳，第一局就被淘汰了。在这个案例里，手表被摔坏是其中的10%，后面一系列事情就是另外的90%。都是由于当事人没有很好地掌控那90%，才导致了这一天成为"闹心的一天"。试想，卡斯丁在那10%发生后，假如换一种反应，比如他抚慰儿子说："不要紧，儿子。手表摔坏了没事儿，我拿去修修就好了。"这样，儿子高兴，妻子也高兴，他本身心情也好，那么随后的一切就不会发生了。由此可见，你控制不了前面的10%，但完全可以通过你的心态与行为决定剩余的90%。

上述事例说明了情绪管理的重要性。医护人员每天的工作琐碎、繁忙，只有做好自身的情绪管理，才能确保医患群体保持良好的情绪状态，建立良好的医患关系。

（二）医务人员压力管理

随着社会经济的发展、医学服务模式的改变、近年来频频发生的医患纠纷、伤医事件，让医护人员自觉工作压力大、工作环境恶劣、没有安全感。

1. 压力来源

一是医患关系紧张；二是个人生活压力；三是人际关系压力；四是社会尊重与社会环境；五是患者及其家属的期望值过高；六是人民群众对医疗服务需求的提高，加上医疗资源短缺，医护工作异常繁重；七是高强度的工作；八是职业本身巨大的责任性与风险性；九是知识不断更新，继续学习与晋升等。

2. 医务人员压力释放方法

（1）芳香精油减压疗法：①缓解精神压力的芳香疗法；②消除疲劳的芳香疗法。

（2）中医养生睡眠疗法：①中医养生中的睡眠减压；②每天日间小睡片刻。

（3）生理减压物理疗法：①在大拇指和手掌交接处肉厚区域按摩；②按摩鬓角；③揉捏鼻梁两边；④全身压膝；⑤按后头盖；⑥泡脚；⑦按摩手背。

（4）肢体运动减压疗法：①太极拳；②瑜伽。

（5）技术方案减压疗法：①食物减压；②写作减压；③"离"心减压；④香薰减压；⑤颜色减压；⑥冥想减压。

（6）心理暗示减压疗法：运用减压游戏提升感受幸福的能力。

（7）音乐减压疗法：①听到愉快的乐曲，想象水的结晶体呈现规整的漂亮图案；②治疗系列音乐，如减压音乐；③亚健康的音乐疗法。

（8）营养调理减压法：①鲜美食物可改善心情；②多吃各类蔬菜，少吃盐；③营养饮食平衡压力。

（9）足部药浴减压法：①减压的足部药疗法；②疏通关节的足部药浴疗法。

3. 医务人员自我解压

（1）正确认识举证责任倒置；

（2）良好的医患沟通；

（3）合理安排自己的时间；

（4）理解、限制和清除烦恼；

（5）接受不可避免的事实；

（6）建立自己的支持系统；

（7）保持工作和生活井然有序；

（8）锻炼身体，以增强适应性；

（9）均衡饮食，补充营养。

4. 医务人员自我心理调适

（1）了解自己的能力，制定切实可行的目标；

（2）劳逸结合，积极休息，培养业余兴趣爱好；

（3）建立和扩展良好的社会支持系统；

（4）拥有朋友，积极面对人生，自信豁达，知足常乐，笑口常开；

（5）改变不合理观念，通过有意改变自己内部语言来改变自身的不适状况；

（6）合理宣泄自己的不良情绪；

（7）看得开，放得下；

（8）活在当下，过好今天，展望明天；

（9）必要时寻求专业的心理医生帮助。

二、医患沟通原则

中国汉字中的"朋"字由两个"月"字并排组成，意味着要想成为朋友，一要平等相待、相互尊重；二要经常沟通和交流；三要换位思考，能站在对方的位置上考虑问题，即使换位了还是朋友，具有同理心。医患双方只有平等相待、相互尊重，充分沟通交流，并能站在对方的角度为对方考虑，才能消除或减轻医患的紧张关系，医患之间才能成为真正的朋友。医者不仅仅只是医病，更是医人。加拿大著名的临床医学家、医学活动家和医学教育家奥斯勒先生说过这样一段话："一个医师绝不只是在治疗一种疾病，而是在治疗一个独一无二的人，一个活生生、有感情、正在遭受病痛折磨的人。"这正是医学与其他服务的不同之处，它不是一项交易，而是一种专业；它不是一种行业，而是一项使命。医护人员应该学会如何

有效医患沟通

和患者打交道，而不是只会和疾病打交道。"有时去治愈，经常去帮助，总是去安慰"，医疗行业的特殊性要求医护人员不仅要有科学精神，还要具有人文情怀，要以人为本，尊重患者、关心患者，使患者感到亲情般的温暖。同时患者也应该尊重科学，理智地面对自身疾病，尽快调整心态，积极配合治疗；患者也要理解人类医学还存在一些不能治愈的疾病；患者要尊重医务人员的辛勤劳动，理解目前大部分医院处于超负荷运转的"战时"状态，面对"人满为患"的现状，他们难以做到人人满意、面面俱到。医者仁心，患者规范就医，用礼仪搭建互信的友谊桥梁，医患一起携手、共同努力，才能营造一个和谐友善、充满温馨的医疗环境。

医患沟通，是医疗机构的医护人员在诊疗活动中与患者及其家属在信息方面、情感方面的交流，是医患之间构筑的一座双向交流的桥梁。正确

的医患沟通有利于医生对患者病情的了解，更有利于对病患的进一步诊治。

医患沟通应遵循以下原则。

1. 换位原则

医院人员与患者及其家属沟通时，应该尽量站在患者的立场去考虑问题。想患者所想，急患者所急。应该避免只把自己认为重要或有必要的信息传达给患者及其家属。在沟通之前，不妨先站在患者一方的立场去思考。

2. 真诚原则

医护人员与患者进行沟通，一个重要的因素就是医护人员在沟通时所表现的态度。医护人员的谈吐、口才等沟通的技巧，直接关系着医护人员的理念是否能充分表达，而医护人员所表现出来的态度、是否真诚地关心患者，对于接受沟通的另一方更具有影响力。

3. 详尽原则

医护人员在与患者及其家属沟通时，要把医疗行为的效果、可能发生的并发症、医疗措施的局限性、疾病转归和可能出现的危险性等，详细地告诉患者及其家属。告知的内容要尽量详尽，把能告知的内容都要详细告知患者及其家属。

4. 医方主动原则

医护人员是医疗行为的主动实施者，是医患关系中的主角，积极的医疗行为会营造积极的医患关系，树立为患者服务的思想，摒弃"求我看病""医院不愁没患者"的心理，实现由"恩赐者"向"服务者"的角色转换。

三、医患沟通技巧

沟通的类型分语言性沟通和非语言性沟通。前者是指沟通者以语言或文字的形式将信息发送给接受者的沟通行为；后者是指不使用语言、文字的沟通，它包括的信息是通过身体运动、面部表情、利用空间、利用声音和触觉产生的，它可以伴随着语言性沟通而发生。其中非语言性沟通有两种体态语言：一是静态，如仪容仪表、容貌修饰、衣着打扮；二是动态，如面部表情、目光接触、身体姿势、距离、音调、语速等。沟通信息的有效表达 = 7% 语调 + 38% 声音 + 55% 表情。

（一）技能方法

医患沟通中最重要的因素是医护人员的态度。医护人员必须诚恳、平易近人，有帮助患者减轻痛苦和促进病人康复的愿望和动机。沟通能力是医生必不可少的能力。下面从沟通技巧方面介绍一下医患沟通的方法。

1. 倾听

医护人员必须尽可能耐心、专心和关心地倾听患者的叙述，并有所反应，如变换表情和眼神，点头作"嗯""嗯"声，或简单地插一句"我听清楚了"等。总之，医护人员不要干扰患者对身体症状和内心痛苦的诉说，尤其不可唐突地打断患者的讲话，让倾听成为一种习惯。上天赋予我们一根舌头，却给了我们一对耳朵，所以，我们听到的话比我们说的话多一倍，我们要学会做一个有效的倾听者，才能发现患者的需求、获得宝贵的信息，让患者有被尊重的感觉，获得信任。

2. 接受

医护人员要无条件地接受患者，不能有任何拒绝、厌恶、嫌弃和不耐烦的表现。也就是说，医护人员要努力营造一种气氛，使患者感到自在和安全，享有充分的发言权。

3. 肯定

医护人员要肯定患者感受的真实性，切不可妄加否定。必须承认，时至今日，医学对患者的多种奇异的感受仍然不能做出令人满意的解释和说明。至于患者的想法，即使很明显是病态的，也不可采取否定态度，更不要与患者争论。

4. 澄清

澄清就是弄清楚事情的实际经过，以及事件整个过程中患者的情感体验和情绪反应。尤其是患者感到受了刺激的事，澄清十分必要，否则，就很难有真正的沟通。

5. 善于提问

尽可能不按教科书的检查表和病史采取格式化的固定顺序提问，尤其要避免连珠炮式的"审问"方式。提问大体上有两种："封闭式"和"开放式"。

"封闭式"提问只允许患者回答"是"或"否"，或者在两三个答案中选一个。这样的提问容易使患者陷入"受审"地位而感到不自在。

"开放式"提问使患者有主动、自由表达的可能，这既体现了医护人员对患者独立自主精神的尊重，也为全面了解患者的思想、情感提供了最大的可能性。

6. 重构

把患者说的话用不同的措辞和句子加以复述，但不改变患者说话的意图和目的。

7. 代述

有些想法和感受患者不好意思说出来，至少不便明说。对此，医护人员可以代述。这当然要求医护人员足够敏感（所谓善解人意），揣摩出弦外之音。

8. 对焦

这是一种多少带有心理治疗专门性的技术。患者的心理可能有多个问题，医护人员一般应该选择一个问题作为"焦点"，选择什么问题作为焦点，要求医护人员对患者有比较全面的了解，也许要进行一番思考。

（二）沟通锦囊

1. 展现您的笑容

患者对医护人员最重要的第一印象就是形象。非语言的体态语言占了55%，如姿态、着装、微笑服务等。要仪表大方，让患者感受到医护人员的态度是和蔼、亲切的，是值得信任的，给患者留下一个好印象，对以后的工作开展和沟通会起到很好的铺垫作用。

2. 注意不同场合的称谓

在儿科与儿童沟通时，不建议直接喊儿童的名字。需要核对身份信息时，可问："小宝贝，请问你叫什么名字啊？""小乖乖，你能告诉阿姨你的名字吗？"以此来拉近彼此的距离，让小孩及其家属产生亲切感，让小孩发自内心地不那么抵触医护人员，接受医护人员的赞美，从而少一点害怕、多一些喜欢。在老年病房，医护人员就要习惯性地给予患者尊称，例如："张奶奶，您今天觉得怎么样啊？""李奶奶，您早餐吃了点儿什么？""谭伯，今天家里大姐过来陪您了？"类似的语言可拉近医患距离。

3. 告知的艺术

医护人员在实践中，会有许多事宜要告知给服务对象，如入院诊断告知、入院制度告知、检查及治疗注意事项告知等。其中，催款告知特别需要注意艺术性（首先是关爱患者，询问身体情况，然后委婉说明费用情况）。兹举一例：病房里来了一名气势汹汹的中年男士，站在门口就嚷起来："昨天又抽走了我妈两管子血，还收化验费几百块。这是黑心医院吧？"责任护士赶紧迎上去，说"大哥，您好！您是31床王阿姨的家属吧？阿姨昨天抽血复查的结果出来了，包括肝功能、肾功能、凝血功能都还好，血常规中的血红蛋白指标比正常值稍低一点。请您和阿姨放心，现在达到了预期的治疗效果。""今天就不用输液了吗？""阿姨今天还需要进行治疗。您看，现在这边需要请您去交点费用。我们需要电脑计费，医嘱生效，药库再发药下来。我们都在等米下锅呢……"后面表达时一定要契合微妙的语气、语调，让对方能够接受并感受到你是在为患者考虑，语言应略带风趣幽默。

4. 契合患者兴趣点

谈患者感兴趣的，从尊重入手，从对方利益入手，多为患者考虑，坦诚相待，让彼此理解，达到说服配合的目的。病房来了一位体形消瘦、右侧股骨头坏死的 81 岁老奶奶。护士来到病床旁准备行导尿术，老奶奶和家属都极其不配合，硬生生地把护士推出了病房。小护士不得不向护士长求救，不知道怎么办、怎么沟通、怎么去执行这个医嘱。护士长来到老奶奶床边，先是细心问候，再和小护士一起协助老奶奶侧身，边鼓励称赞老奶奶的配合，边进行拍背护理，指导家属手法和注意事项，告知翻身拍背对于需要长期卧床病人的重要性。家属欣然接受，护士长便开始延伸话题。"老奶奶，为什么不愿意插尿管呢？""我妈妈怕疼。我们是担心插了管子，以后就不能拔了，会尿失禁。"护士长友善的目光肯定了老奶奶家人的孝顺。"我们明白，你们的出发点是为老奶奶好。不过我们需要一起来分析一下，目前老奶奶面对的首要问题是什么情况：需要一段时间的卧床，右侧股骨头坏死引起的疼痛和需要局部制动。不插尿管，反复用便盆接小便，因奶奶消瘦，骶尾部皮肤薄，若有破损，营养、血运、生肌跟不上，加上频繁地取拿便盆操作，稍受力不均匀，奶奶肢体会疼，夜间更不利于休息。你们觉得呢？至于你们说的不能拔管、尿失禁问题，在后续的治疗护理过程中，我们会间歇性进行膀胱肌功能锻炼，循序渐进地过渡到正常。在以往，也有许多类似情况，有更年长的爷爷奶奶，他们后来都恢复得不错。只有个别的会慢点，需要的时间稍长点。""听你这么一说，我们觉得挺有道理的。我们相信你们，一定尽量配合。这个尿管现在就可以来插，也相信你们的专业，以减轻老人家的痛苦。""好的，请你相信，我们的目标是一致的。非常感谢你的理解和对我们工作的支持！"

5. 红绿灯原则

不利于沟通的行为是红灯，不能闯红灯；利于沟通的行为是绿灯，畅通；黄灯，是遇到沟通障碍的时候，有一个间歇期，也是缓冲期。例如，发现患者情绪特别激动，应该让他先休息片刻，待其情绪平静后再慢慢过渡，选择一个更好的时机，或者还可以找一个和患者关系比较好的另一名医护人员来沟通，也许效果会更好些。要换位思考，合理创造轻松的沟通环境。

6. 真诚地关注患者

现在产后抑郁症患者越来越多。她们浑身乏力，注意力不能高度集中，情绪不稳定，失眠、焦虑，不能很好地喂养、关爱自己的宝宝。有一名症状比较明显的产妇，连续几个晚上只能睡三四个小时，医护人员必须进行有针对性的沟通。例如，做一些开放性的指导，劝慰她打开心结，不要过多地沉思，不要去想自己是不是得了抑郁症什么的；劝其入睡前放松心情，听听轻音乐，听海浪波涛的声音，去想象自己在大海旁边；带她去一些孕妇产后学校课堂，学习手工编织，织小宝宝的衣物，以此来分散注意力等。通过一系列的干预措施，慢慢的，这名产妇可以自然入睡6小时以上，可以用自己的母乳正确地喂养幼儿。

7. 一个苹果的魅力

有人讲过这样一个耐人寻味的故事：一场突如其来的沙漠风暴，使一名旅行者迷失了前进方向。更可怕的是，旅行者装着水和干粮的背包也被风暴卷走了。他翻遍身上所有的口袋，只找到了一个青青的苹果。"啊，我还有一个苹果！"旅行者惊喜地叫着。他紧握着那个苹果，独自在沙漠中寻找出路。每当干渴、饥饿、疲乏袭来的时候，他都会看一看手中的苹果，抿一抿干裂的嘴唇，陡然又增添了不少力量。一天过去了，两天过去了。第三天，旅行者终于走出了荒漠。那个他始终未曾咬过一口的青苹果已经干巴得不成样子，而他却像拿着宝贝似的一直紧攥在手里。在深深地赞叹旅行者之余，人们不禁感到惊讶：一个表面上看来是多么微不足道的青苹果，竟然会有如此不可思议的神奇力量。是的，这是信念的力量，这是精神的力量。信念，是成功的起点，是托起人生大厦的坚固基础。在人生的旅途中，不可能总是一帆风顺、事遂人愿。有的人身躯可能先天不足或后天病残，但他却能成为生活的强者，创造出常人难以创造的奇迹，这靠的就是信念。对于一个有志者来说，信念是立身的法宝和希望的长河。信念的力量在于，即使身处逆境，也能帮助你扬起前进的风帆；信念的伟大在于，即使遭遇不幸，也能召唤你鼓起生活的勇气。信念，是蕴藏在心中的一团永不熄灭的火焰；信念，是保证一生追求目标成功的内在驱动力。信念的最大价值是支撑人对美好事物孜孜以求，坚定的信念是永不凋谢的玫瑰。医护人员要不失时机地给患者（尤其是肿瘤患者）一个满怀信念的"苹果"，告诉患者这个疾病目前有很多治愈的案例；可举办一些病友沙龙，让患者感受到医护人员的真诚，感受到亲人般的温暖；鼓励患者树立信心，帮助其渡过难关。同样，医护人员自己也可以得到一个"苹果"，与患者进行心灵的沟通，这样患者能更好地配合治疗。

8. 支持、理解和同理心

情感上保持同步，是达到思维同步的前提。要使医患沟通和谐，情感的同步不容忽视。同理心（Empathy），又叫作换位思考，是指站在对方的立场上设身处地思考的一种方式，即在人际交往过程中，能够体会他人的情绪和想法，理解他人的立场和感受，并站在他人的角度思考和处理问题。这主要体现在情绪自控、换位思考、倾听能力以及表达尊重等与情商相关的方面。同理心也适用于医学上的人文关怀。亨利·戴维·梭罗说过："还有什么比我们瞬间洞悉彼此的眼神更伟大的奇迹呢？"如果你能设身处地为别人考虑，听其所听、视其所视、感其所感，你将会用什么样的方式和态度去面对身边有需求的人呢？

9. 化助力为动力

当患者愤怒时，当患者不合作时，当患者冷漠时，医护人员都要采取相对平和的态度去对待每一名患者，不放弃、不抵触、不抱怨，最终用真诚去感动对方，获得对方的尊重与信任。

沟通就是用心守护患者，用心守护医学事业。人这一辈子干什么来了？如果有机会去新疆的沙漠里面看看，就会明白：如果有河滩，就一定有草；有草就有牛羊；有牛羊就有人。草的价值就是让牛羊活得好，牛羊的价值就是让人活得好，人的价值就是让其他生物活得好。这个社会有了你多一份美好，千万不要让这个社会因为谁而多一份痛苦或者不好，这便是医护人员最好的价值体现。

四、特定人群的沟通方式

（一）与患者家属的交谈

护士李慈接诊了一名"主动脉夹层支架术后，慢性肾功能不全"的患者，入院体查双下肢凹陷性水肿，检验结果回报：肌酐 492.4μmol/L，尿素 13.45mmol/L。病房医生经过综合分析患者个体情况，建议行血液透析性治疗，遭到了患者本人的极力反对，家属也不认同，认为医生是吓唬他们，病情根本就没有那么严重。责任护士小慈看到这一幕，眼前浮现了自己父亲前些日子的经历。在被医生告知有糖尿病时，在"否定—愤怒—讨价还价—抑郁—接受"这个心理五部曲里，父亲首先就是竭力否定，再表现出强烈的愤怒，认为"不可能"，认为"为什么是我"。后来好不容易通过努力做父亲的思想工作、积极引导和心理暗示，父亲才接受、配合医生的治疗方案。她明白此时这对父子的心情。快下班时，她特意和那名患者的家属聊了起来，并拿自己做例子，劝解患者家属："我非常理解你和叔叔现在的心情。接受这个事实，直面眼前突发的状况，心理上确实需要一个过程。看得出你非常孝顺，也看得出你非常明事理。你选择了我们医院，也是对我们的一种信任，所以请你相信医生会为叔叔制订最佳的治疗方案。你们可以尽管说出心里的顾虑，但请你们一定要科学、理智地面对这个事情。特别是你现在在叔叔面前表现出坚强的心态至关重要，家人的陪伴与鼓励是患者接受事实、配合治疗，从而促进病体痊愈的最有力保障。你看，我说的你能接受吗?"第二天，患者及其家属果然都积极地配合医院的治疗方案。

由上述案例可以得出：家属是患者病情的知情者，家属的关怀对患者来说是一种莫大的安慰与鼓励。有些患者的内心症结只有家属才能解开，医护人员是难以替代的，所以医护人员对待患者的家属也要像对待患者一样和蔼、热情、耐心。医患关系不仅仅是医护人员与患者的关系，广义上说，也包括医护人员与患者家属的关系。患者家属在患者治疗康复的过程中发挥着极其重要的作用。患者家属的言行既受患者的影响，也影响着患者，可以说医护人员与患者家属的关系是医患关系的一个非常重要的补充。因此，真诚对待患者家属，换位思考，及时做好沟通工作，做好康复训练指导，必要时主动地去帮助他们，从而使患者及其家属同时对医护人员产生信任感，以便使医护工作产生事半功倍的效果。

(二) 与儿童、青少年患者的交谈

医护人员对待儿童、青少年患者应有一颗慈父慈母般的心，关怀、爱护、体贴每一名患儿，多用身体语言、肢体语言和患儿交流。由于来到陌生的环境，加上疾病导致的身体不舒服，患儿很容易焦虑、不安，有孤独感，产生排斥、恐惧、抗拒情绪，进入病区后一般会哭闹不止，拒食，不配合治疗，医护人员可以对他们轻拍、抚摸及搂抱，使患儿大脑的兴奋和抑制变得自然协调，产生如在母亲怀中的安全感。由于儿童患者病情急、变化快，身体稚嫩，生活上大多不能完全自理，语言上又不善于表达，所以要求医护人员要有高度的责任心、扎实的专业知识、技能水平，以及一双善于观察的眼睛，及时发现细微的变化，发现问题，采取有效措施，防止突发事件的发生。例如，给患儿打针时，要利用儿童注意力易被分散及喜欢被表扬鼓励等特点，用小礼物或是轻快的音乐，来缓解、减轻他们的疼痛感。医护人员要多鼓励儿童患者："你真是一个勇敢的孩子""阿姨相信你，我们一起加油，好不好"。保护儿童的自尊心，成为儿童的贴心人。不要用训斥、命令、恐吓的语气："你怎么总是动啦""不要哭了""不许动""你再这样，我们就不管你了"。要耐心疏导，用拥抱、抚触让患儿感受到亲人般的关爱。儿科病房应该营造良好的治疗环境，走廊、病房墙上、门上可以设计粉刷或是张贴儿童喜爱的图案，病房应有儿童喜欢的玩具、气球等装饰物。有的医院在条件允许的情况下，还设立了专门的患儿活动室，不定期地为患儿们举办专题活动会、生日会、亲子沙龙，或是由护士带领患儿做游戏，从而体现"特色、专科、科学、人文"的服务理念。有的国家还提倡儿科护士不穿白大褂，穿带一些小碎花的衣服，以消除儿童患者的恐惧感，博得他们的喜爱。

与学龄前儿童患者的沟通方法：

（1）介绍自己并询问他们的姓名、年龄、就读的学校以及他们熟悉的话题，解释你同他们交谈的原因。让他们坐在你与家长的中间，这样你能平等地分配同儿童患者和父母交流（谈话和观察）的时间。巧妙地询问孩子来医院的原因、现在最担忧的问题。

（2）引导他们说出对小便、粪便的叫法，并使用他们的叫法，如果你没有理解他们的意思，请父母进一步解释和澄清，要耐心地指导他们逐渐养成良好的习惯，特别是对那些有慢性疾病的孩子。如果你解释得适当，孩子是有能力理解、慢慢配合的。询问他们有关学校和朋友的事情，聊一些孩子们感兴趣的内容，分散他们的注意力和焦虑的情绪。

（3）使用他们能理解的词。不要用命令的口气对他们说话，他们可能会不配合。

（4）采用适合他们节奏的交谈。在他们哭的时候不要做检查，尽量等到他们安静下来再做检查。

（5）尽量不要给予无法遵守的承诺，比如说"阿姨不会弄痛你"，因为这样不切实际的描述反而会降低将来他们对你的信任度。

（三）与老年患者的交谈

医护人员在护理老年病人时，要理解老年人的心理和生理特点，随着器官的老化、身体机能的下降，老年患者表现出思维慢、健忘、耳聋眼花，且受多种慢性疾病折磨，自理能力不强，生活质量整体不高，所以老年患者需要得到更多的尊重、关注。我国目前已进入深度老龄化，习近平总书记在十九大报告中指出："积极应对人口老龄化，构建养老、孝老、敬老政策体系和社会环境，推进医养结合，加快老龄事业和产业发展。"强调"病有所医，老有所养"，尊重、关爱老年人是全社会的共同责任。

医护人员在与老年患者交流的整个过程中，要注意谈话的语气、语速和音量，语气要耐心亲切，语速要放慢，吐字要清晰，音量要大些，同时多配合肢体语言。老年患者一般都比较固执，不肯承认自己身体出现了状况，也不愿主动与医护人员谈自己的健康问题。因此，医护人员要鼓励老年患者开口，并认真倾听，及时肯定，多回应，交流中不要否定，不要中途打断对方的谈话内容，尊重老年患者，以得到老年患者的信任。认真判断病情，护理老年患者一定要勤查房，仔细观察，不放过任何疑点或细微变化。为避免老年患者跌倒，医护人员应给予必要的保护和安全防护指导。例如，在患者床头、手腕上佩戴易跌倒标志，以便他人看到时注意避让。另外，病区的地面应平坦、防滑，座椅高度应与膝关节平齐，使老年患者容易站起。走廊、厕所、浴室内要设扶手，以防老年患者滑倒。时刻提醒老年患者，生活中要做到"三个30秒"：醒后30秒再坐起；起立时，先将双腿放于床下30秒再下床站立；站立30秒后再行走。站立时动作应缓慢，应扶稳或有人搀扶，减少跌倒发生的概率。为了防止老年患者因体位性低血压而跌倒，如厕时应使用坐便器，晚上在床旁备小便器。护理老年患者时，要以高度的责任心为老年患者解决困难，细致耐心地做好生活护理。老年人几十年的生活已形成了自己的规律，除了与治疗相关的饮食、行为外，应尽量照顾到其生活习惯。对老年人提出的合理要求一定要上心，尽量满足，实在做不到的要耐心解释，用理解和亲情去抚慰、护理老年患者。

（四）与手术患者的交谈

为确保手术成功，达到最佳的治疗效果，给予手术患者最温馨的关怀、全方位的服务，通过术前、术中、术后的规范交谈，体现人文关怀，至关重要。

1. 术前

患者在术前容易产生焦虑、恐惧、夜不能寐的情绪，医护人员应该在手术方案、手术治疗的目的、术后注意事项等方面做好解释、沟通工作，通过抚慰、列举成功病例等方式疏导缓解，以便减轻患者的心理压力，增强患者坦然面对手术的信心。

2. 术中

医护人员在护送患者去手术室途中，要主动自我介绍，态度温和地进行交流，进入手术室，医护人员要一边用轻快、热情的语言交流，一边麻利地进行操作和观察，表现出严谨的工作态度。切忌在手术过程中使用"糟糕""坏了""怎么会这样"等语言，给患者造成不必要的心理压力或导致无端的猜疑，而影响手术的正常进行。

3. 术后

患者个体在术后会有不同程度的心理、身体反应。医护人员要在提供专业医疗护理措施的同时，用语言和非语言沟通方式给予安慰和鼓励，例如，俯身低头、握着患者的手说"您今天表现得很勇敢""您感觉还好吗""您辛苦了，先好好休息，我们都在您的身边"，让患者感受到人间的真爱。

（五）与残疾患者的交谈

病房里来了一名聋哑的待产妇，第二天要进行剖宫产手术，病房护士正在进行术前宣教，却出现了沟通交流的困难——患者无法很好地理解需要注意的事项，以及如何配合工作。这时刚好来了一名有心的麻醉师。他接到手术通知单，看到资料记录患者的特殊情况后，特意提前到病房进行访视。看见这一幕，麻醉师拿出自己事先备好的图纸和彩笔，进行绘图说明，让患者看图会意。他还打开平板电脑，找出医院手术室的布局图，介绍简要的手术流程，缓解患者焦虑不安的情绪。第二天，这名聋哑孕妇在麻醉和手术整个过程中都相当配合。当她的宝宝出生的那一刻，产妇含着热泪，非常感激医护人员。特别是那位麻醉师特别用心，为她付出的努力，让她感受到家人般的温情陪伴，而不再恐慌害怕。

1. 交谈环境的选择

与有视力或听力障碍的患者交流时，应注意交谈环境的选择：

（1）尽量减少背景噪声。

（2）确保房间光线充足，你的脸庞明晰可见。确保你正对着直射光（患者背对之）。

（3）避免阳光或灯光过亮而耀眼，使患者无法读唇。

（4）确定合适的位置和距离，以使患者尽可能清楚地听到或看到你。如果患者需要读唇，则通常的距离为 0.9～1.8 米。如果患者一侧听力较好，你应向该侧靠近。

2. 医护人员的自我介绍

（1）说话前，确保你已引起患者的注意。轻触其臂、摆手或其他视觉信号都有助于介绍自己。询问患者目前的说话音量及节奏是否合适。

（2）谈话背景对于协助理解十分重要。所以，要先说明谈话的主题，而当你改变主题时，要及时提醒。

3. 与盲聋人交流的方式

（1）试着叫患者的名字，他们也许能听到话语和声音。

（2）写便条。用黑色签字笔写在白纸上；询问患者纸张的大小；在行与行之间及单词结尾处留出足够的空间；字迹整洁，标点齐全；保持句子简短。

（3）使用积木字母表这一手动交流形式，在盲聋人手掌上"拼"出单词。用手指在患者手掌上画出每个字母，需用大写印刷体；整个手掌每次只写一个字母；字母要大而且清楚；依次把字母写在上一个字母上；在每个单词结尾处稍稍停顿一下。

（4）使用文本电话。盲聋人可使用多种技术打字，然后由操作员读出相应的信息。你通过正常方式回复（说得稍慢些），使操作员有时间将你所说的话变成可为盲聋人识别的文字。

（六）应对患者及家属投诉

（1）医护人员保证自身安全第一。注意患者及其家属与门的位置关系，确保在他们有暴力倾向的情况下自己能够很快离开，防止被困在房间里。不要进行身体上的对抗。

（2）与患者保持一定的距离。这一安全措施也可防止患者产生不舒服或受威胁的感觉。

（3）如果条件允许，离开公共场所，与患者或家属在安静的地方进行交流。同时，为了确保安全，告知其他同事自己的去向。

（4）尽量给患者提供座位。人坐着时，会更容易控制愤怒的情绪。

（5）让患者尽可能地发泄怒气，不要打断他们。大声吵闹发泄够了，他们自然会停下来。

（6）注意使用恰当的语调、语速和音量来平复患者的情绪。

（7）对患者的痛苦情绪做出回应："我能够理解您的感受。"

（8）表达歉意："对发生在您身上的事情，我表示十分抱歉。"

（9）使用共情，包括使用口头语言（如"这样的事情要是发生在我身上，我也会有这样的感觉"）和肢体语言（点头或眼神交流，表现出关心）。

（10）切合实际地说明发生的情况，以及你将会努力去解决问题。

（11）不要采取防守姿态或使用尖刻的话语。

（12）不要受对方语调、语速或肢体语言的影响。

（13）告诉一个情绪激动或生气的人"镇静下来"，而不是"不要担心"，后者往往会适得其反。

（14）不要与患者或家属勾结串通，不要非难你的同事。可以这样回应对方："因为我不清楚其他医生做过怎样的治疗，所以我不能草率地对医疗细节做出任何评价。但是我会尽力查明情况。"不要因受患者恼怒情绪的影响而同样生气或恼怒。如果你感觉控制不住自己的情绪，可以暂且离开，并且在离开前告知患者："对不起，我有些事情要忙。咱们过一会儿再聊。"

当患者或家属很生气时，他们常威胁说要进行投诉。发生这种情况时，不要产生戒备心理，也不应结束谈话，而应当尽量敞开心扉，真诚地与患者或家属进行交谈。首先，冷静地告诉患者他们的确有投诉的权利；如果他们坚持投诉，自己愿意告知他们具体的步骤。其次，向患者说明最重要的事情是弄清楚具体的问题以及如何解决问题。要强调自己为患者的健康付出的努力，向患者提供第二种可能促进患者健康的意见，然后再次强调每个人都希望给患者提供最好的医疗服务，并且建议患者与大家一起，共同努力达成该目标。

临床上医患沟通技巧的培训是医学教育中必不可少的一部分。但是一定要搞清楚"心"与"术"之间的关系，二者缺一不可。这些年，医疗行业也很重视临床医患沟通技巧的培训，但是收效甚微。因为我们往往关注了形而下的"器"（"术"——技巧），却忽略了形而上的"道"（"心"——自我）。所以，本书的主题虽然是医护礼仪，但编著时也注意与中华传统文化相结合，倡导行医是一门"艺术"。因为艺术是用"心"的，是有灵感的，是有温度的。通过植入医者内心的礼仪文化、"仁爱"之心，去感受从医者"患者至上"的价值观，去感受从医者"帮助弱者"的人生观，去感受从医者"敬畏生命"的世界观。患者眼中的好医者一定是拥有尊重患者、敬畏生命，恪守"病人至上"这些品质的。

我是谁？汉文解字，作为一名从医二十年的工作者，笔者更深层地理解"我"字，少一撇（丿）便是一个"找"字，（扌）提手旁代表担当、责任、义务、服务他人，（戈）代表工具、劳动，表明"我们"需要用劳动去担当，用心怀感恩和大爱，全心全意为家人、身边人去服务，才会找到真正的自我。那一撇才会落下来，那一撇是感恩与爱，是阳光与空气，是可以滋养生灵万物的所有，赋予其身，便是一个真正的自我了。"喜怒哀乐之未发，谓之中。发而皆中节，谓之和。致中和，天地位焉，万物育焉。"让我们懂得接受，懂得平衡，看开有无，看开生死（大我）。明明知道自己能力即是如此，明明知道自己就是有不足，又何妨，何必逞强，何必踌伫，天赋和能力不是唯一，用最坚忍的毅力去坚持和最无悔的努力去付出，便可有外化于行，内化于心，从而散发出可贵的精神品质。

最后献上"南丁格尔誓言"和德兰修女的"不管怎样"与大家共勉。

南丁格尔誓言

终身纯洁，忠贞职守。

勿为有损之事，

勿取服或故用有害之药。

尽力提高护理之标准，

慎守病人家务及秘密。

竭诚协助医生之诊治，

务谋病者之福利。

谨誓！

不管怎样

德兰修女

即使你是诚实和率直的，人们可能还是会欺骗你，

不管怎样，你还是要诚实和率直。

人们经常是不讲道理的、没有逻辑的、以自我为中心的，

不管怎样，你要原谅他们。

即使你是友善的，人们可能还是会说你自私和动机不良，

不管怎样，你还是要友善。

当你功成名就，你会有一些虚假的朋友和一些真实的敌人，

不管怎样，你还是要取得成功。

你多年来营造的东西，有人一夜之间把它摧毁，

不管怎样，你还是要去营造！

如果你找到了平静和幸福，人们可能会嫉妒你，

不管怎样，你还是要快乐。

你今天做的善事，人们往往明天就会忘记，

不管怎样，你还是要做善事。

即使你把最好的东西都给了这个世界，也许这些东西永远都不够，

不管怎样，把你最好的东西给这个世界。

你看，说到底，这是你和上帝之间的事，

而决不是你和他人之间的事！

延伸阅读

[1] 沃舍. 临床医患沟通艺术[M]. 北京：北京大学医学出版社, 2016.

[2] 刑远翔. 寻找大医精神[M]. 北京：北京大学医学出版社, 2013.

[3] 贝瑞, 赛尔曼. 向世界最好的医院学管理[M]. 北京：机械工业出版社, 2009.

[4] 斯通, 佩顿, 汉. 高难度谈话[M]. 北京：光明日报出版社, 2015.

视频链接

http://blog.sina.com.cn/s/blog_48b0d37b0102f50y.html

参考文献

[1] 姬仲鸣，周倪. 孔子：上卷[M]. 北京：中央民族大学出版社，1998.

[2] 姬仲鸣，周倪. 孔子：下卷[M]. 北京：中央民族大学出版社，1998.

[3] 杨朝明. 荀子[M]. 开封：河南大学出版社，2008.

[4] 黄怀信. 大学 中庸讲义[M]. 北京：清华大学出版社，2013.

[5] 司马光. 资治通鉴[M]. 太原：北岳文艺出版社，2013.

[6] 刘同. 谁的青春不迷茫[M]. 北京：中信出版社，2012.

[7] 李清如. 跟杨澜学做完美女人[M]. 武汉：武汉出版社，2012.

[8] 周小平. 请不要辜负我们这个时代[M]. 海口：南海出版公司，2014.

[9] 高焕云. 焕云专业医务礼仪[M]. 济南：山东人民出版社，2012.

[10] 本书编委会. 点亮生命之光：护士的故事[M]. 北京：人民卫生出版社，2012.

[11] 张薇薇. 医护礼仪[M]. 2版. 北京：科学出版社，2013.

[12] 袁涤非. 女性现代礼仪[M]. 长沙：湖南大学出版社，2016.

[13] 袁涤非. 商务礼仪实用教程[M]. 北京：高等教育出版社，2016.

[14] 王益锵. 护理美学[M]. 北京：人民卫生出版社，2001.

[15] 肖京华. 医护礼仪与形体训练[M]. 北京：科学出版社，2003.

[16] 史瑞芬. 护理人际学[M]. 4版. 北京：人民军医出版社，2013.

[17] 沃舍. 临床医患沟通艺术[M]. 北京：北京大学医学出版社，2016.

[18] 刑远翔. 寻找大医精神[M]. 北京：北京大学医学出版社，2013.

[19] 贝瑞，赛尔曼. 向世界最好的医院学管理[M]. 北京：机械工业出版社，2009.

[20] 斯通，佩顿，汉. 高难度谈话[M]. 北京：光明日报出版社，2015.

后 记

　　随着现代医疗服务水平的不断进步,医疗模式从以方便医护人员工作、方便治疗为出发点的工作模式,逐步转变为"以患者为中心"的服务模式,医疗模式的改变,促使医护人员必须逐步建立和加强主动服务意识,严格规范自己的言行,做到让患者满意。编写本书的初衷,就是三名在不同城市不同层级医院有着近二十年工作经验的临床一线医务工作者,觉察到了社会不同层面的患者,他们对医护人员在寻求疾病健康需求的同时,更为渴求的是医护人员在仪容仪表仪态上给予患者的尊重、赋予的同理心和人文关怀,这是建立彼此互信桥梁的基本前提。我们深信"行医不是单纯的一门技术,而是一种艺术"。本书汇集了中国传统文化礼仪的基本内容、延伸内涵,医护礼仪的内在修为、外在言行表达要求和细则以及沟通技巧。我们希望通过学习,让每一名医护人员可以正确认识自我、定位自我,树立崇高的人生观、价值观、职业道德观,在临床实践工作中能以亲切、真诚、关爱的态度,规范的服务流程和技能操作,结合外在肢体语言展现、非肢体语言的沟通,有效地为患者服务。我们希望为构建和谐医患关系,推进"十三五"规划的实施,实现"健康中国"战略而发挥重要的作用。"医者虽苦,亦会有乐",相信每一名普通的医务工作者,只要用自己一生去坚守这份平凡岗位上的责任,勿忘初心,坚定前行,一定可以发出不一样的光芒。

　　本书由李霞负责编写提纲的设计和最终统稿。感谢参加本书编写的湖南大学袁涤非老师、长沙市中医医院的黄建英老师、湖南省南华大学附属南华医院的陈莉老师,感谢为本书拍摄图片的南华附属医院的刘惠、雷瑶两名老师。本书在编写过程中,参考、引用了国内外有关礼仪方面的书籍,在此对所引用的文献作者表示真诚的谢意。由于本书编写时间短、笔者编写经验不足，本书还存在许多不完善之处，希望读者们多提宝贵意见，以求在下一次的修订中能得以改正和提高。

编著者

2018 年 4 月